सैलानियों के किस्से

सैलानियों के किस्से

सम्पादन मण्डल

डॉ. मधु धवन

डॉ. सजिदा अहमद

डॉ. एंथनी ऑलिवर

डॉ. मैथिली राव

वाणी प्रकाशन

वाणी प्रकाशन

4695, 21-ए, दरियागंज, नयी दिल्ली 110 002

शाखा

अशोक राजपथ, पटना 800 004

फ़ोन: +91 11 23273167 फ़ैक्स: +91 11 23275710

www.vaniprakashan.in

vaniprakashan@gmail.com

SAILANIYON KE KISSE

Edited by Dr. Madhu Dhawan

Dr. Sajida Ahmad

Dr. Anthony Oliver

Dr. Maithily Rao

ISBN : 978-93-5072-527-6

Travelogue

प्रथम संस्करण

मूल्य: ₹ 50

न्यू कृष्णा ऑफ़सेट, दिल्ली-110093 में मुद्रित

वाणी प्रकाशन का लोगो मक़बूल फ़िदा हुसेन की कूची से

भूमिका

पर्यटन हमारे जीवन को बहुआयामी बनाने में महत्त्वपूर्ण भूमिका निभाता है। प्रारम्भ से मानव जिज्ञासु रहा है अतः यायावरी या घुमक्कड़ी प्रवृत्ति रखता रहा है। यात्रा का मतलब तीर्थाटन नहीं, यात्रा घूमने-फिरने के लिए हो। प्रकृति के रूप को निहारने के लिए हो, दिलोदिमाग को सुकून देने के लिए हो, ऐसी यात्राएँ जीवन को नयी ऊर्जा देती हैं। आज कैरियर को नये आयाम देते यात्रा के बदलते मिजाज ने औद्योगिक-प्रौद्योगिक क्रान्ति के परिणामस्वरूप मानव ने भौतिक विकास की कई बुलन्दियों का सहर्ष सामना कर सफलता हासिल की है। यात्राएँ मानव का आत्मिक विकास करती हैं। चौथी शताब्दी में जन्मे फाह्यान तथा 602 ई. में जन्मे ह्वेनसांग बौद्ध ग्रन्थों के अध्ययन हेतु आये तो इब्नबतूता ने विश्व के तमाम इस्लामी-गैरइस्लामी देशों की यात्रा की। उनके यात्रा-वृत्तान्त हमें उस समय की तस्वीर देते हैं जो हमारे लिए दस्तावेज हैं।

कालान्तर में विचारों में कई नये सोपान उबरे। अब यात्रा केवल तीर्थाटन हेतु न थी। इन यात्राओं से जहाँ वाणिज्य-व्यापार को विस्तार मिला है वहीं प्रत्यक्ष-परोक्ष हर देश की संस्कृति पर भी असर हुआ है। अपनी एक ही ढर्रे की जिन्दगी से उबरने के लिए लोग साल में एक-दो बार किसी खूबसूरत पर्यटन स्थल पर घूमने की योजना जरूर बनाते हैं। आज पाठ्यक्रम में जोड़ना उचित लगता है। इस दिशा की पूर्ण जानकारी संक्षिप्त रूप से मिल जाने पर युवा अपना रोजगार स्वयं स्थापित कर लेगा।

यह रोजगार का महत्त्वपूर्ण क्षेत्र हो गया है। लोगों की बढ़ती रुचियों को देखते हुए कई स्थान योजनाबद्ध रूप से निर्मित किए जा रहे हैं। यह यात्राएँ मजेदार यादगार बनाने के लिए एक-से-एक बढ़-चढ़कर योजनाएँ हैं। आज सैलानियों के सैलाब को देख बिजनेसमैन झट अल्पकालीन व्यापार की योजना बनाते हैं। उन्हें आम के आम गुठलियों के दाम मिल जाते हैं। वे सपरिवार घूमने जाते हैं और कमा भी लाते हैं। आज जिस तरह फिल्म इंडस्ट्री है, होटल इंडस्ट्री है उसी तरह पर्यटन इंडस्ट्री बन गयी है। हर देश की सरकार अपनी आमदनी का महत्त्वपूर्ण स्रोत बनाकर कमा रही है। अच्छे पर्यटक ऑफिस बन गये हैं। विस्तृत जानकारी के लिए कई

साधन हैं। अच्छे रिसोर्ट, धर्मशालाएँ, होटल आदि की व्यवस्था के साथ-साथ होम स्टे विलेज टूरिज्म आदि पर्यटन के क्षेत्र में नयी पहल है।

केन्द्रीय पर्यटन मन्त्रालय ने 2002-2003 में देश की ग्रामीण संस्कृति, वहाँ की कला और विरासत को दुनिया के सामने लाने के मकसद से रूरल टूरिज्म की शुरुआत की इससे प्रकृति की रम्य गोद में बसे गाँवों की निराली गुमनाम दुनिया को सामने लाया गया इससे गाँव का आर्थिक सुधार तो हुआ शिक्षा का विकास भी होने लगा। रोजगार की नयी राह बनने लगी।

यात्राएँ देशकाल-वातावरण का सही चित्र प्रस्तुत करती हैं।

आज का छात्र कहें या युवा पीढ़ी कुछ ऐसा कैरियर चाहती है जो अनूठा, अत्याधुनिक, मनोहारी, दिलरुबा, खुशगवार और जायकेदार हो। जिस तरह साहित्य से दूर कैरियर ओरिएंटड छात्र एनिमेशन, विज्ञापन-मॉडल की ओर तीव्र गति से बढ़ रहा है उसी तरह होटल और पर्यटन को अपना कैरियर बनाना ज्यादा बेहतर समझता है। यह दिशा कई दृष्टिकोणों से देखने पर उत्तम प्रतीत हो रही है। इसी के चलते कई बियाबान स्थल आबाद हो गये हैं।

आज के बढ़ते विकसित होते स्वरूप को देखते हुए पर्यटन को विषय बनाकर पाठ्यक्रम में रखा गया है जिससे छात्र कॉलेज़ के समय से ही अपने भावी जीवन की रूपरेखा खींच सके और उस दिशा में अपने को योग्य बनाने में लग जाए। इस दिशा में यह पाठ्यक्रम के लिए तैयार की गयी पुस्तक एक परिचयात्मक दिशा की ओर ले जाने का प्रयास है।

जिन विद्वानों, सृजनशील रचनाकारों की पुस्तकों का आश्रय लिया गया है उन सुधीजनों को धन्यवाद ज्ञापित करती हूँ।

के-3, अन्नानगर ईस्ट, चैन्ने

—मधु धवन

अनुक्रम

राहुल सांकृत्यायन

तिब्बत की ओर

राहुल सांकृत्यायन

आज (14 मई) सवेरे थोड़ा-थोड़ा पानी बरस रहा था। बड़े सवेरे ही शौच आदि से निवृत्त हो मैंने तमंग तरुण से साथ चलने को कहा। उसे पके खेत को काटना था, इसलिए अवश्य कठिनाई थी। अन्त में मैंने उसे 'तात-पानी' तक ही चलने के लिए कहा। उसके मन में भी न जाने क्या ख़याल आया और वह चलने को हो गया। तब तक आठ बज गये थे। बूँदें भी कुछ हलकी हो गयी थीं। मैंने सबसे बिदाई ली। गाँव से थोड़ा मक्खन तो न मिल सका, सत्तू लेकर हम चल पड़े। मालूम हुआ हमारे रास्ते के बगल में ही चरवाहों का डेरा है। वहाँ मक्खन मिल जाएगा। हमारा रास्ता पहाड़ के ऊपरी हिस्से पर से जा रहा था। यहाँ चारों ओर जंगल था। रास्ता कहीं-कहीं तो काफ़ी चौड़ा था। इन रास्तों की मरम्मत आदि गाँव के लोग ही किया करते हैं।

कुछ घण्टे बाद हम चरवाहों के डेरे में पहुँच गये। मोटे जंजीर में बँधे कुत्तों ने कान के पर्दे फाड़ने शुरू किये। गृहिणी ने कुत्तों को दबाया, तो हम डेरे के भीतर घुस पाये। डेरा क्या था, चटाइयों से छाया हुआ झोंपड़ा था, जिसके भीतर खाने-पीने के सामान, कपड़े, बिछौने बर्तन सभी ठीक से रखे हुए थे। गृहपति लकड़ी के छोटे बर्तनों में दूध दुह-दुह कर लाता था। गृहपत्नी चारा तैयार कर रही थी। इस देश में दुहने के वक्त गाय के सामने कोई खाने की चीज अवश्य रखनी होती है। डेरे के एक कोने में लकड़ी का बड़ा बर्तन छाछ से भरा हुआ था। डेरे वालों ने दूध पीने को कहा, किन्तु मैंने छाछ पसन्द की। इसके बाद उन्होंने खाने का आग्रह किया। आगे रास्ते में कुछ खाने को मिलेगा या नहीं 'इसका कुछ ठीक न था, इसलिए मैंने निमन्त्रण स्वीकार कर लिया। उसी समय उन्होंने चावल और तरकारी बनाई। हमारे खाना समाप्त करने तक उन्होंने मक्खन भी तैयार कर दिया। इस प्रकार ग्यारह बजे के करीब हमें छुट्टी मिली।

विशालकाय वृक्षों के बीच से रास्ता बड़ा सुहावना मालूम होता था। जंगली पक्षियों के मधुर शब्द कर्णगोचर हो रहे थे। मेरा साथी भोटिया भाषा अच्छी तरह जानता था, उसकी दूसरी बोली मैं नहीं जानता था। दोनों बीच-बीच में बात करते, कभी स्ट्राबरी चुनते, कभी जोंकों से पैर बचाते, आगे बढ़ रहे थे। ऊपर कहीं-कहीं गाँव भी मिलते

थे। ये सभी गाँव 'यल्मों' लोगों के थे। सारा गाँव सफ़ेद ध्वजाओं का जंगल था। गाँव के पास रास्ते में 'मानी' का होना अनिवार्य था। मानियों के दोनों ओर रास्ता बहुत साफ बनाया गया था। बौद्ध यात्री सदा इन मानियों को दाहिने रख परिक्रमा करते चला करते हैं। यद्यपि इस प्रकार चारों ओर परिक्रमा नहीं होती, तो भी उसकी लम्बी परिक्रमा हो जाती है या भविष्य की यात्राओं से परिक्रमा पूरी हो जाती है; और आदमी महापुण्य का अधिकारी हो जाता है। एक गाँव में तो 'मानी' की दीवारों में पत्थरों पर खुदी हुई तस्वीरों पर रंग भी ताजा ही लगा हुआ था।

एक बजे के करीब हम डाँडे (पर्वत-शिखर) के किनारे पर आये। वहाँ से हमें दूसरी ओर जाना था। ऐन 'ला' (दरी) पर बड़ी मानी थी। दूसरी ओर पहुँचते ही सीधी उतराई शुरू हुई। थोड़ा नीचे उतरने पर जंगल आँखों से ओझल हो गया। चारों ओर खेत-ही-खेत थे। थोड़ी देर में पके जौ ओर गेहूँ के खेत भी ऊपर छूट गये। जितना ही हम नीचे जाते थे, उतना ही तापमान का स्पष्ट प्रभाव खेतों पर दिखाई पड़ता था। मैं भी अब चलने में कमजोर न था, मेरे साथी को भी खेत काटने के लिए जल्द लौटना था। इसलिए हम खूब तेजी से उतर रहे थे।

'तमंगो' के कितने ही गाँवों को पार कर, निचले हिस्से में गोरखों के गाँव मिले। यहाँ मकई एक-एक बालिश्त उगी थी। तीन-चार बजे हम नीचे नदी के पुल पर पहुँच गये। यहाँ भी एक सरकारी सिपाही रहता था, किन्तु उसे एक भोटिया लामा से क्या लेना था? पार होकर चढ़ाई में अब उतनी फुरती नहीं हो सकती थी। पाँच बजे के बाद थकावट भी मालूम होने लगी। हमने सवेरे-ही-सवेरे जाने का निश्चय कर लिया। पास के गाँव में एक ब्राह्मण का घर मिला। गृहपति ने लामा को आसन दे दिया। साथी ने भात बनाया। रात बिता कर फिर हम ऊपर की ओर बढ़े। कितने ही गाँव और नालों को पार करते हुए दोपहर के करीब हम डाँडे पर पहुँचे। डाँडे को पार करते ही फिर वृक्षों से शून्य पहाड़ मिला। बारह बजे के बाद दूसरा डाँडा भी पार कर लिया, और अब हम काठमाण्डव से कुत्ती जानेवाले रास्ते पर थे। यह रास्ता ऊपर-ऊपर से जाने वाला है। नीचे से एक दूसरा भी रास्ता है, लेकिन वह बहुत गर्म है।

इस डाँडे को पार करने पर फिर हमें घना जंगल मिला। आजकल कुत्ती से नमक लाने का मौसम था, इसलिए झुण्ड-के-झुण्ड आदमी या तो मकई, चावल लेकर कुत्ती की ओर जा रहे थे या नमक पीठ पर लादे लौट रहे थे, दो बजे के करीब उतराई शुरू हुई। अब भी हम 'शर्बो' की बस्ती में थे। 'यल्म' लोग भी 'शर्बा' भोटियों की एक शाखा है। यह 'शर्बा' भोटिये दार्जिलिंग तक बसते चले गये हैं, 'शर-बा' का मतलब है पूर्ववाला। एक शर्बा से पूछने पर मालूम हुआ कि डुक्पा लामा अभी इधर से नहीं गुजरे हैं। विश्वास हो चला, शायद पीछे ही हैं। एक घण्टे की उतराई के बाद मालूम

हुआ डुक्पा लामा अगले गाँव में ठहरे हुए हैं। बड़ी प्रसन्नता हुई। तीन बजे हम जाकर उनके सामने खड़े हुए। उस रात को वहीं रहना हुआ। गाँव तमंगों का था। ये लामा धर्म के मानने वाले कहे जाते हैं; लेकिन डुक्पा लामा ऐसे बड़े लामा के लिए भी उनको कोई श्रद्धा न थी।

सवेरे फिर उतराई शुरू हुई। यहाँ नदी पर लोहे का झूले वाला पुल था। आम रास्ता होने से यहाँ चट्टी पर दुकानें थीं। खाने की और कोई चीज़ तो न मिली, हाँ आग में भुनी मछलियाँ मिलीं। चढ़ाई चढ़ते हम 'तमंगों' के बड़े गाँव में पहुँचे। वहाँ रात बिता, फिर उतराई शुरू हुई। अन्त में हम काली नदी के किनारे पहुँच गये। अब हम काठमाण्डव से आनेवाले बड़े मार्ग पर आ गये। सड़क पर नमकवालों का मेला-सा जाता हुआ मालूम होता था। अब हम शर्बा लोगों के प्रदेश में थे। 18 मई को हम काली नदी के ऊपरी भाग पर शर्बो के एक बड़े गाँव में ठहरे। साथियों ने बतलाया; कल हम नेपाल की सीमान्त चौकी पार करेंगे।

इस यात्रा में और लोग तो 'डुक्पा सत्तू' से काम चला लिया करते थे, किन्तु मेरे और डुक्पा लामा के लिए भात बना करता था। कभी कोई जंगली साग मिल जाया करता। कभी भूनी मछली का झोल मिल जाता था। आज तो इस गाँव में मुर्गी के अंडों की भरमार थी। हमने चालीस-पचास अंडे खरीदे और रात को ही सबने उन्हें चट कर दिया। नीचे तो मुझे इन चीजों से कुछ सरोकार न था, किन्तु मैंने इस यात्रा में मांस का परहेज छोड़ दिया था। लड़कपन में तो इसका अभ्यास था ही, इसलिए घृणा की कोई बात नहीं।

हम काली नदी के ऊपरी भाग पर थे। धीरे-धीरे नदी की धार की ऊँचाई के साथ-साथ हम भी ऊँचे पर चढ़ते जाते थे। नदी के दोनों ओर हरियाली ही हरियाली थी। सब जगह जंगल तो नहीं था, किन्तु नंगा पर्वत कहीं न था। दो बजे के करीब हम 'तात-पानी' पहुँचे। गर्म पानी का चश्मा होने से इसे 'तात-पानी' कहते हैं। गाँव में नेपाली चुंगी-घर और डाकखाना है। मेरी तबीयत घबरा रही थी। डर रहा था, कोई 'तुम मधेस (मध्यदेश) का आदमी कहाँ से आया' तो नहीं कहेगा। हमारे लामा पीछे आ रहे थे। चुंगी वालों ने पूछा—'लामा कहाँ से आते हो?' हमने बतला दिया, 'तीर्थ से'। चुंगी से छुट्टी मिल गयी। मेरे सहयात्री रिंचन् ने कहा—'अब हो गया न काम खत्म?' उसी वक्त मुझे मालूम हुआ कि फौजी चौकी आगे है। मैंने कहा—'भाई। असली जगह तो आगे है।'

थोड़ी देर में लामा भी आ गये। इस वक्त वर्षा हो रही थी। थोड़ी देर एक झोंपड़ी में हमें बैठना पड़ा। फिर चल पड़े। आगे एक ऊँचे पर्वत-बाहु से हमारा रास्ता रुक-सा गया। नदी की धार भी किधर से होकर आती है, नहीं मालूम पड़ता था। अब मेरी

समझ में आया, क्यों तात-पानी की फौजी चौकी तात-पानी न होकर आगे है। वास्तव में यह सामने की महान पार्वत्य दीवार सैनिक दृष्टि से बड़े महत्त्व की है। नीचे से जाने वाली बड़ी पल्टन को भी कुछ ही आदमी इस दीवार पर से रोक सकते हैं। थोड़ी देर में चढ़ाई चढ़ते-चढ़ते हम वहाँ पहुँच गये जहाँ रास्ते में पहरे वाला खड़ा था। उसने सबको रोककर बैठाया, फिर हवलदार साहब को बुला लाया। यही वह जगह थी, जिससे मैं इतना डरा करता था। मैं अपने को साक्षात् यमराज के पास खड़ा समझ रहा था। पूछने पर हमारे साथी ने कह दिया, हम लोग करोङ् के अवतारी लामा के चेले हैं। लामा भी थोड़ी देर में आ गये। हवलदार ने जाकर कप्तान को खबर दी। उन्होंने सूबेदार को भेज दिया। आते ही एक-एक का नाम-ग्राम लिखना शुरू किया। उस समय किसी ने मेरे चेहरे को देखा होता, तो उसे मैं अवश्य बहुत दिनों का बीमार-सा मालूम पड़ता। भरसक मैं अपने मुँह को उनके सामने नहीं रखना चाहता था। अन्त में मेरी बारी भी आयी। रिंचन् ने कहा—'इनका नाम खुनू छवङ् है।' सबको छुट्टी मिली। मैं भी परीक्षा में पास हो गया। पेट भरकर साँस ली। शाम करीब थी, इसलिए अगले ही गाँव में ठहरना था। सूबेदार ने गाँव के एक आदमी से कह दिया कि अवतारी लामा को अच्छी जगह पर टिकाओ और देखो, तकलीफ न हो। हम लोग उसके साथ अगले गाँव में गये। रात में रहने के लिए एक अच्छा कोठा मिल गया।

दूसरे दिन सवेरे हम चल पड़े और दो घण्टे में उस पुल पर पहुँच गये, जो नेपाल और तिब्बत की सीमा है। तिब्बत की सीमा में पैर रखते ही चित्त हर्ष से विह्वल हो उठा। सोचा हमने सबसे बड़ी लड़ाई जीत ली है।

मोहन राकेश

यात्रा का रोमांस

मोहन राकेश

यायावर के जीवन का सबसे बड़ा सन्तोष या असन्तोष इसमें है कि उसका रास्ता कभी समाप्त नहीं होता। वह चाहे जितना भटक ले, नयी अनजान पगडण्डियों का मोह उसके दिल से कभी नहीं जाता। उत्तरी ध्रुव पर जाकर ये पगडण्डियाँ दक्षिणी ध्रुव की ओर जाती प्रतीत होती हैं, और दक्षिणी ध्रुव पर जाकर भूमध्य-रेखा की ओर। और हर पगडण्डी के दायें-बायें से जो छोटी पगडण्डियाँ निकल जाती हैं, वे अलग। हर पगडण्डी का अपना आकर्षण होता है, यायावर कहाँ तक पैरों को रोके? और पगडण्डियों के अतिरिक्त अनिश्चित गन्तव्य का भी तो आकर्षण रहता है। अनिश्चित की सम्भावना का हर क्षण जो पुलक देता है, वह बँधे जीवन की सम्पूर्ण निश्चिन्तता कहाँ दे पाती है?

यह वृत्ति जो यायावर को एक जगह से दूसरी जगह ले चलती है—इसे नाम क्या दिया जाए। वाण्डर लस्ट? परन्तु वाण्डर लस्ट के मूल में जो वृत्ति रहती है, वह क्या है। क्या है जो व्यक्ति को, जहाँ वह हो, वहाँ से अन्यत्र चल देने के लिए विवश करता है? जिसकी वजह से हर नया रास्ता अच्छा लगता है। जिस रास्ते से एक बार गुज़र जाएँ, उस रास्ते से दूसरी बार जाने को मन नहीं होता। सच, बहुत उलझन होती है जब, रात को डेरे पर पहुँचने के लिए भी, चले हुए रास्ते से लौटकर आना पड़ता है। मन होता है कि बस आगे-और-आगे चलते रहा जाए, भले ही वह चलना धरती के घूमने की तरह हो।

यायावर के अस्थिर पैर आखिर ढूँढ़ना क्या चाहते हैं?

यायावर जानता है, पर वह उसे नाम क्या दे? वह जानता है कि कुछ है जिसे न पाकर मन में असन्तोष घिरा रहता है, और जिसकी एक अस्फुट-सी झलक भी मन में आह्लाद और कभी-कभी उन्माद जगा देती है। 'सौन्दर्य' या कोई भी एक शब्द उसे ठीक से व्यक्त नहीं कर सकता। वह अस्पष्ट 'कुछ' यायावर के रास्ते में जहाँ-तहाँ बिखरा रहता है। यायावर उसे देखता ही नहीं, छूता भी है—और कई जगह सुनता और सूँघता भी है। उसके क्षणिक-से साक्षात्कार से ही चेतना सिहर उठती है। और यदि साक्षात्कार गहरा हो, तो अन्तर में एक शोला-सा भड़क उठता है।

यायावर की खोज, उसकी अस्थिरता, अपने में ही एक सिद्धि है क्योंकि गति का हर क्षण उसे रोमांचित करता है। यात्रा की थकान और बाधाओं में उसे सुख मिलता है। वास्तव में रास्ते की थकान और बाधाएँ ही तो यात्रा को यात्रा बनाती हैं। जहाँ बाधा नहीं है, कुछ अज्ञात और शंकास्पद नहीं है, सब निश्चित, आयोजित और सुरक्षित है, उस यात्रा को यात्रा कहा जाए, या घर का ही एक चलता-फिरता संस्करण?

रास्ता चलते यायावर की आँख हर चीज़ को, यहाँ तक कि अपने को भी, दृश्य रूप में देखती है। नीले बादलों के आगे फैली घाटी की हरियाली एक विशाल दृश्य-पट बनकर सामने आती है, तो सँकरी पगडण्डी से घाटी की तरफ बढ़ती अपनी आकृति भी उस दृश्य पट का ही एक भाग होती है। तांबई आकाश और दूर तक फैले रेत के टीलों का चित्र उसके अपने कदमों की भी छाप लिए रहता है। अपने को दृश्य-रूप में देखता हुआ वह अपने प्रति वितृष्णा से अस्थिर भी हो सकता है, सहानुभूति से द्रवित भी, और अपने पर ठहाका लगाकर हँस भी सकता है।

यात्रा यायावर को जो तटस्थ दृष्टि देती है, वह रोज के द्वन्द्वपूर्ण जीवन में रहकर प्राप्त नहीं होती। अपने जीवन के निकट वातावरण से हटकर, निजी परिस्थितियों के दबाव से मुक्त होकर, मन में कोई कुंठा नहीं रहती। नये वातावरण, नयी परिस्थितियों और नये व्यक्तियों के साथ अधिक स्वस्थ और स्वाभाविक सम्बन्ध स्थापित हो सकता है। ऐसे में व्यक्ति अपनी आन्तरिक प्रकृति के अधिक अनुकूल होकर जी सकता है—अधिक उन्मुक्त भाव से अपने को नये अनुभवों के मानदंड बदल जाते हैं—वह एक आरोपित नैतिकता में न जीकर अपनी आन्तरिक नैतिकता के अनुसार जीने लगता है। जितना थोड़ा-सा भी समय इस रूप में जी लेता है, वह साधारण रूप से जिए कई-कई वर्षों की तुलना में अधिक सार्थक प्रतीत होता है। उसके सम्बन्धों का आधार हो जाता है एक आदिम आवेश जिसके कारण वह एक पेड़ के पत्तों को भी सहलाता है तो इस तरह जैसे एक बच्चे के गाल सहला रहा हो। ढलान के मोड़ पर जमे एक पत्थर को भी थपथपाता है, तो इस तरह जैसे घर के एक पालतू जानवर को थपथपा रहा हो। रात को पहाड़ी जंगल में उड़ते कीड़ों की आवाज़ें उसकी साँसों की आवाज के साथ घुल-मिल जाती हैं, और साँझ के झुटपुट में डेरे की तरफ आती खच्चरों की घण्टियाँ उसे अपनी धड़कनों के अन्दर गूँजती महसूस होती हैं।

अपने से बाहर यायावर के सम्बन्धों के विस्तार की कोई सीमा नहीं रहती। उसे पूरी धरती अपना छोटा-सा घर लगती है और आकाश में बिखरे नक्षत्र वे पड़ोसी जिनसे उसका परिचय बढ़ाने को मन होता है। रात की खामोशी में किसी अनजाने मोड़ के पास खड़ा होकर वह देर-देर तक उन झिलमिलाते नक्षत्रों को देखता रह सकता है,

और उस झिलमिलाहट की भाषा में ही अपने लिए कोई संकेत पाकर मुस्करा सकता है। फिर सम्भव है आगे चलते हुए वह उन नक्षत्रों की ओर हाथ हिला दे—जैसे कि देर तक बात कर चुकने के बाद अब उनसे विदा ले रहा हो।

जिसकी मंजिल पहले से तय हो, वह यायावर नहीं है। यायावर का एकमात्र लक्ष्य है अपने मन की तरंगों के अनुसार चलते चलना। वह जहाँ से गुज़र जाए, वही उसका रास्ता है, और जहाँ पेड़ के तने से टेक लगा ले, वहीं उसकी मंज़िल है। दिन-भर में उसे कितना रास्ता तय करना है, यह वह पहले से क्यों सोचे? रात कहाँ बीतेगी, इसकी चिन्ता क्यों करे? जहाँ जाकर आगे चलने को मन न हो, वहीं उसे रुक जाना है और रात उतर आने पर सोचना है कि रात कहाँ और कैसे बीत सकती है। जो पहले से सब कुछ तय करके चले, उसे मानना होगा कि उसे पथ पर विश्वास नहीं है। जिसका पथ पर विश्वास नहीं है, उसकी पथ के साथ मैत्री कैसे होगी? और जिसकी पथ के साथ मैत्री नहीं, वह यायावर कैसा? यायावर पथ का मित्र हो तो उसे पथ के सुख-दुःख पथ के साथ बाँटने होंगे, तभी पथ भी उसके सुख-दुःख बाँट सकेगा। पथ की नाट्यशाला अपने सब परदे तभी उसके लिए उठाएगी जब वह पथ की दलदलों और टेढ़ी-मेढ़ी पगडण्डियों से घबराये नहीं। तब दलदल के पार उसे झील का बिल्लौरी पानी चमकता दिखाई देगा और टेढ़ी-मेढ़ी पगडण्डियाँ उसे वहाँ ले जाएँगी जहाँ ताज़ा कमल अपनी अधमुँदी पत्तियाँ खोल रहे होंगे। वह काँटे से छिलकर आँख ऊपर उठाएगा, तो एक घटा फनियर की तरह उस पर घिरी होगी, और जब वह अपने खुश्क होठों पर जुबान फेरेगा, तो सामने पंक्ति में खड़े बेंत के नाटे पेड़ विभिन्न नृत्य-मुद्राओं में बाँहें हिलाते नज़र आएँगे। जहाँ उसका पाँव फिसलेगा, वहाँ नीचे नदी की हरी धारा कई-कई गाँवों का आलिंगन किये दिखाई देगी।

उसके चारों तरफ कच्ची बर्फ होगी जिस पर किसी जंगली जानवर के पैरों के निशान बने होंगे। वातावरण में इतना कोहरा होगा कि उसे दो गज से आगे रास्ता नज़र नहीं आ रहा होगा। वह कोहरे को चीरता और जंगली जानवर के पैरों के निशानों पर पैर रखता हुआ दरिया की घाटी की तरफ उतरता जाएगा। परन्तु कई बार पथ की नाट्यशाला यायावर को अभिनय की भूमि पर उतार देती है, और स्वयं दर्शक बनकर उस पर व्यंग्य कसती और उसका उपहास उड़ाती है।

कोल्हाई ग्लेशियर। बीहड़ और ऊबड़-खाबड़ रास्ता पार करके मैं तीन आदमियों के साथ लिद्दरवट के डाक-बंगले से वहाँ आया हूँ। वहाँ पता चलता है कि पास की पहाड़ी के ऊपर एक सुन्दर झील है—दूधसर। मैं अपने साथियों के साथ उस बिना पगडण्डी की पहाड़ी पर चढ़ने लगता हूँ। पहाड़ी की चोटी पर पहुँचने पर एक समतल मिलता है जिसके पीछे एक और चोटी है। हम इस तरह कई चोटियाँ पार करते हैं।

पर दूधसर जिस चोटी पर है, वह अभी और ऊपर है। मारे प्यास के बुरा हाल होने लगता है, तो मैं अपना साथी घोड़ेवाले से लिए डण्ठल चूसता हूँ। हरी घास से लदी पहाड़ी पर चढ़ते हुए जगह-जगह पाँव फिसल जाते हैं। जहाँ लगता है कि अब आगे और चढ़ सकना असम्भव है, वहीं पहाड़ी की करवट आगे का रास्ता खोल देती है। आखिर हम लोग उस चोटी पर पहुँच जाते हैं जहाँ से झील दूसरी तरफ नीचे नज़र आती है। झील का हरा-नीला पानी इतना खामोश और उजला है कि हमें भूल जाता है कि जितना रास्ता चलकर आये हैं, अब उतना ही रास्ता चलकर लौटकर भी जाना है। मैं पत्थरों से लुढ़कता हुआ नीचे झील के किनारे पहुँच जाता हूँ। एक पतला साँप झील के पानी में लकीर खींचता हुआ दूसरे किनारे की तरफ तैर जाता है। मैं झील के किनारे इस तरह टहलता हूँ जैसे वह सृष्टि के निर्माण का पहला क्षण हो और मैं स्वयं सृष्टि का पहला आदमी, जिसकी आँखें पहली बार उसी क्षण कुछ भी देख सकने के लिए खुली हों। मैं कुछ शब्द बोलकर जैसे पहली बार अपने को अपनी बोल सकने की सामर्थ्य का विश्वास दिलाता हूँ। तभी टप्-टप् बूँदें गिरने लगती हैं। ऊपर से आवाज़ दी जाती है तो मैं चौंककर जैसे उस दूसरी सृष्टि की तरफ देखता हूँ जिससे अब मुझे नये सिरे से सम्बन्ध स्थापित करना है। पत्थरों का सहारा लें-लेकर ऊपर पहुँचता हूँ, तो बूँदें तेज़ हो जाती हैं। पहाड़ी के उस तरफ ग्लेशियर है—सदियों की सूखी स्याह बर्फ के जबड़े फैलाए। उन जबड़ों के पीछे से ही वह घटा उठी है जो सिर पर आकर बरस रही है। हम लोग कुछ देर एक चट्टान की ओट में सिमटकर बैठे रहते हैं। एक-दूसरे के शरीर की गर्मी और मुँह से निकलती भाप अच्छी लगती है। सबके मन में असमंजस है कि अब लौटते वक्त रास्ता मिल पाएगा या नहीं—पर कोई किसी से यह बात नहीं कहता। साँझ उतर रही है, इसलिए वहाँ से जल्दी चल देना जरूरी है। बूँदें अभी रुकी नहीं, फिर भी हम लोग चट्टान के साये से निकलकर जल्दी-जल्दी चलने लगते हैं। मगर कुछ ही दूर जाकर पता चलता है कि जिस रास्ते से आये थे, उस पर अब इतनी फिसलन हो गयी है कि एक-एक कदम चलना मुश्किल है। यह भी डर है कि पाँव ज़रा-सा उलटा-सीधा पड़ जाने से लुढ़क कर खाई में न जा गिरें। हम लोग उधर से लौटकर दूसरा रास्ता खोजने का प्रयत्न करते हैं। घोड़े वाले को विश्वास है कि वह दूसरे रास्ते से हमें सुरक्षित नीचे पहुँचा देगा। परन्तु कुछ दूर जाने के बाद उसे उस रास्ते की लकीर नहीं मिलती। हम लोग अपनी घबराहट में निश्चय करते हैं कि जैसे भी हो, हमें सीधे नीचे उतर जाना चाहिए। जिस जगह हम हैं, वह लुढ़कते पत्थरों की पहाड़ी है। एक पत्थर पर पाँव रखने से दस पत्थर नीचे सरक जाते हैं। जहाँ से एक पत्थर लुढ़कता है, वहाँ आस-पास से बीसियों पत्थर एक साथ नीचे को लुढ़कने लगते हैं। किसी-किसी क्षण लगता है कि हमें साथ

लिए हुए वह सारी पहाड़ी ही नीचे को लुढ़क जाएगी। लुढ़कते पत्थर आवाज़ भी इतनी करते हैं कि दिल दहल जाता है। अब हम चार व्यक्ति नहीं चार बिन्दु हैं—एक-दूसरे से अलग—जो पत्थरों पर धीरे-धीरे नीचे को सरक रहे हैं। हर आदमी दूसरे को सावधान कर रहा है—"आराम से... आराम से।" कहीं से एक भी पत्थर फिसलता है तो हम चारों अपनी-अपनी जगह स्तब्ध हो रहते हैं। तब तक इन्तजार करते हैं जब तक कि वह पत्थर रास्ते के और पत्थरों को साथ लेता हुआ नीचे पहुँचकर रुक नहीं जाता। जब तक ज़रा भी आवाज़ सुनाई देती है, हम अपनी जगह से नहीं हिलते। फिर नये सिरे से कोई कहता है, "आराम से..." और हम हाथों से टटोल-टटोलकर छह-छह इंच नीचे को सरकने लगते हैं। बीच में फिर वर्षा घेर लेती है, तो हम अपनी-अपनी जगह रुक जाते हैं। वर्षा गुज़र जाती है, तो फिर उतरने लगते हैं। घटा, ग्लेशियर और पत्थर—वे सब दर्शक हैं, और हम लोग दृश्य हैं। हमारे प्राण हमारे हाथों में और रीढ़ के निचले हिस्से में सिमट आये हैं। सारी चेतना भी उसी हिस्से में है। जो सबसे आगे है, वह अपने को सबसे ज्यादा खतरे में महसूस करता है; जो बीच में है, वह अपने को। जो पीछे है, वह अपने को। आगे सीधी ढलान है। सबके दिल धड़कने लगते हैं। सहसा नीचे का एक पत्थर फिसलता है और सबसे नीचे का आदमी लुढ़कता-फिसलता हुआ नीचे समतल पर जा पहुँचता है। वहाँ पहुँचकर वह सँभलता है, और पीछे के लोगों को आवाज़ देने लगता है, "आ जाओ, जा जाओ, कोई डर की बात नहीं है...।"

लुढ़कते-रेंगते हुए हम लोग किसी तरह नीचे पहुँच जाते हैं। पैरों के नीचे अब समतल है; मगर वह ज़मीन नहीं है, ग्लेशियर की ठोस बर्फ है। अब हमें ठोस बर्फ पर चलते हुए आगे जाना है। मगर वह सीधा समतल नहीं है। बर्फ में यहाँ-वहाँ बर्फ की नालियाँ बनी हैं जिनमें से होकर बर्फ का पानी बहता है। आस-पास बर्फ की चट्टानें हैं। कई चट्टानों के नीचे बर्फ की गुफाएँ हैं जिनकी गहराई उजाले के हलके स्पर्श से दूर तक चमक जाती है। उनमें से किसी गुफा के पास से निकलते हुए पाँव फिसल जाने का अर्थ है हमेशा के लिए उस गुफा के मुँह में खो जाना। हम कहीं अलग-अलग होकर चलते हैं, और कहीं एक-दूसरे की बाँहें थामे हुए। हमारा एक साथी बीच-बीच में सबसे अलग भटक जाता है। वह इस तरह गौर से आस-पास देख रहा है जैसे वहाँ उसे किसी चीज की तलाश हो। पूछने पर वह व्यस्त भाव से कहता है, "ऐसी जगहों पर कभी-कभी हीरे-जवाहरात पड़े मिल जाते हैं। जरा ध्यान से देखते हुए चलना चाहिए...।"

एक-डेढ़ मील बर्फ का समतल पार करके हम लोग मिट्टी की ज़मीन पर आते हैं। पैरों में इतनी ताकत नहीं कि और दस कदम भी चल सकें। मगर रात उतर रही

है और हम लोग रात-भर वहाँ ग्लेशियर के पास नहीं पड़े रह सकते। रात-भर रहने और सर्दी से अपने को बचाये रखने का कुछ भी सामान हमारे पास नहीं है। जैसे भी हो हमें लिद्दरवट के डाक-बंगले तक पहुँचना ही है जो वहाँ से आठ मील दूर है।

ग्लेशियर से लिद्दरवट का सफर घोड़ों पर शुरू होता है पर हम लोग अभी चार मील नहीं जा पाते, कि अँधेरा हो जाता है। आगे रास्ता ऐसा है कि उसे अँधेरे में घोड़ों पर बैठे हुए पार नहीं किया जा सकता। घोड़ेवाला तीनों घोड़ों को सँभालकर आगे-आगे चलने लगता है, हम लोग उसके पीछे-पीछे। रास्ते में कोई सीधी पगडण्डी नहीं है—पत्थरों-चट्टानों पर से चढ़ते-उतरते हुए जाना है। एक तरफ ग्लेशियर से बहकर आता दरिया है, दूसरी तरफ पहाड़ी जिससे कई-कई झरने बहकर दरिया की तरफ आते हैं। जगह-जगह पत्थरों पर पैर रख-रखकर या घुटने-घुटने पानी में जाकर उन झरनों को पार करना होता है। जो छोटी-सी टार्च हमारे पास है, उसका सैल भी थोड़ी देर में चुक जाता है। दियासलाइयाँ भी खत्म हो जाती हैं। अब अँधेरा है; पानी है, पत्थर हैं, कीचड़ है और हम लोग हैं। एक जगह चट्टान से नीचे उछलते हुए एक घोड़े की टाँग टूट जाती है। घोड़ेवाला लँगड़ाते घोड़े की लगाम थाम लेता है और आवाज़ देता जाता है, "होशियार साहब, होशियार! चले आओ साहब, शाबाश!" और कहीं पत्थरों से छिलते, तथा कहीं कीचड़ में धप्प-धप्प करते हम लोग चले चलते हैं। अब हमें अँधेरे का होश नहीं है। सर्दी का होश नहीं है। अपना भी होश नहीं है। होश है तो इतना कि लिद्दरवट अभी दूर है और हमें जैसे-तैसे चलते जाना है। एक जगह दरिया के उस पार हलकी रोशनी नज़र आती है। क्या वह लिद्दरवट का डाक-बँगला है? डाक-बँगला अभी दो मील से कम दूर नहीं। तो वह रोशनी कहाँ की है? किसी गुज्जर का घर है? हम लोग रुककर हताश स्वर में आवाज़ें देते हैं। जोर-जोर से चिल्लाकर उधर से किसी की आवाज़ सुनना चाहते हैं। मगर हमारी आवाज़ों का कोई उत्तर नहीं मिलता। केवल वह टिमटिमाती रोशनी एकटक हमें ताकती रहती है।

और ऐसे में फिर बारिश पड़ने लगती है। 'शाबाश साहब शाबाश' की आवाज़ पहले से ऊँची हो जाती है। रास्ता धीरे-धीरे कटता जाता है। पत्थर, चट्टानें और नाले पार होते जाते हैं। आखिर जब आगे जाते घोड़ों की टापें एक लकड़ी के पुल पर सुनाई देती हैं, तो जान में जान आ जाती है। "पहुँच गये साहब, शाबाश!" घोड़ेवाला चिल्लाकर कहता है और दूर लिद्दरवट के डाक-बँगले में एक बत्ती जल उठती है।

थके-टूटे हुए हम लोग डाक-बँगले में पहुँचते हैं। वहाँ पता चलता है कि वह अमावस की रात थी और डाक-बँगले में लोगों ने हमारे जिन्दा लौटकर आने की आशा छोड़ दी थी। फिर जलती आग पर तापे जाते हाथ, चाय की एक-एक प्याली और दो-दो चम्मच ब्रांडी ... । सुबह काफी देर से आँख खुलती है, तो पता चलता है कि

घोड़ेवाला सुबह-सुबह उठकर फिर ग्लेशियर की तरफ चला गया है। उसको दिये गये सामान में जो एक कैमरा-स्टैंड था, वह रात को उससे कहीं रास्ते में गिर गया था।

मगर उठकर तैयार होने तक पिछली रात बहुत पीछे रह जाती है। बात होने लगती है कि सरासर मानसर की यात्रा के लिए अभी चलना चाहिए या कुछ दिन बाद।

अब यायावर फिर दर्शक है। जो गुज़र चुका है, वह उसके लिए दृश्य है—उस दृश्य के अन्तर्गत अपना-आप भी। कल रात तक जो एक दुर्घटना थी, वह अब उसके लिए एक रोमांचक घटना है। अब नयी पगडण्डी उसके सामने है। उससे पूछा जाए कि कमबख़्त, तू इतनी जोखिम उठाकर भी जोखिम के रास्ते पर चलने से बाज क्यों नहीं आता, तो वह सिर्फ मुस्करा देगा, क्योंकि जिस दिन वह जान लेगा, उस दिन वह यायावर नहीं रहेगा।

महादेवी वर्मा

सुई दो रानी, डोरा दो रानी

महादेवी वर्मा

मार्ग में निरन्तर 'सुई दो रानी, डोरा दो रानी' इत्यादि सुनते-सुनते बदरीनाथ के निकट पहुँचने तक मुझे यह विश्वास हो चला था कि उस सुदूर पर्वत प्रान्त में न तो रानी होने से अधिक कोई सहज काम है और न सुई से अधिक महत्त्वपूर्ण देने योग्य वस्तु।

मलिन भूरे बालवाले बालक, लाल मूँगों की मालाओं से अपने को सजाये हुए, चकित दृष्टिवाली युवतियाँ तथा वात्सल्य से भरी हुई वृद्धाएँ और जहाँ-तहाँ जाते हुए निश्चित निरीह से पुरुष सब को एक ही धुन थी। यहाँ तक कि वे स्थान भी, जहाँ शीत की अधिकता के कारण स्त्रियाँ और पुरुष कम्बल के दोनों छोरों को कन्धे पर चाँदी या किसी और धातु के काँटे से अटकाकर केवल उसी को अपना परिधान बनाये थे, इस राग से मुखरित हो रहे थे। कई बार तो छोटे-छोटे बालकों ने इस प्रकार घेर लिया कि अपना सारा सुई-डोरा फेंककर हमें भागना पड़ा।

कई पहाड़ी सम्भ्रान्त व्यक्तियों से पूछने पर ज्ञात हुआ कि इस विचित्र भिक्षावृत्ति का कारण सुई का अभाव नहीं है। अब तो सब आवश्यक वस्तुएँ भेड़ों के द्वारा बदरीनाथ तक पहुँचाने का समुचित प्रबन्ध हो गया है; परन्तु यह प्रथा उस समय से सम्बन्ध रखती है जब यात्रियों के अतिरिक्त ऐसी वस्तुएँ पहुँचाने का और कोई साधन न था।

उस समय विचार आया कि हमारे परम्परागत संस्कारों का मिटना कितना कठिन है। माँगना छोड़ना तो दूर की बात, उनके हृदय में कुछ और माँगने की इच्छा ही नहीं उत्पन्न होती। प्रत्येक व्यक्ति केवल हजार-पाँच सौ सुइयों के संग्रह का स्वप्न देखता रहता है।

किसी वस्तु के प्राप्त कर लेने की इच्छा में जो मधुरता है वह उस इच्छा की पूर्ति में नहीं, इसका अनुभव मुझे बदरीनाथ के, धूप में पारे के समान झिलमिलाते हुए हिम-मय शिखरों के निकट पहुँचकर हुआ।

हनुमान चट्टी से पाँच-छह मील की जो दुर्गम और विकट चढ़ाई आरम्भ हुई थी, उसका अन्त एक ओर नर और दूसरी ओर नारायण नाम के पर्वतों तथा उनकी असंख्य श्रेणियों से घिरी हुई समतल भूमि में हुआ। श्वेत कमल की पंखुड़ियों के

समान लगनेवाले पर्वतों के बीच में निरन्तर कल-कल नादिनी अलकनन्दा के तीर पर बसी हुई वह पुरी, हिमालय के हृदय में छिपी हुई इच्छा के समान जान पड़ी। वृक्ष, फूल और पत्तों का कहीं चिह्न भी नहीं था। जहाँ तक दृष्टि जाती थी, निस्पन्द समाधि में मग्न तपस्विनी जैसी आडम्बरहीन सूनी पृथ्वी ही दिखाई देती थी। और उतने ही निश्चल तथा उज्ज्वल हिमालय के शिखर ऐसे लगते थे, मानो किसी शरद् पूर्णिमा की रात्रि में पहरा देते-देते, चाँदनी समेत जमकर जड़ हो गये हों।

बदरीनाथ के एक मील बाहर वहाँ के वयोवृद्ध रईस नारायणदत्तजी ने फूलों से सजा हुआ एक सुन्दर बँगला बनवा रखा है, जिसमें कभी-कभी कोई सम्भ्रान्त व्यक्ति ठहर जाता है; परन्तु प्रायः उसकी दीवारों को पथिकों का दर्शन दुर्लभ रहता है। पक्के तीर्थ यात्री तो पण्डे के संकीर्ण घर में भेड़-बकरियों की तरह भरे रहने में ही पुण्य की प्राप्ति समझते हैं।

नारायणजी ऐसे विदेह गृहस्थ हैं, जो अपनी साधना का फल औरों को समर्पण कर देने में ही सिद्धि समझते हैं। बदरीनाथ ऐसे स्थान में उन्होंने बाग लगाया है, फलों के पेड़ लगाये हैं, आलू की खेती आरम्भ की है और न जाने कितने उपयोगी कार्य किये हैं। इतनी वृद्धावस्था में भी दिन-दिन भर धूप में उन्हें काम करते और कराते देखकर हमें बड़ा विस्मय हुआ।

फूलों के निकट रहने की इच्छा से, एकान्त के आकर्षण से और अपने स्वभाव के कारण मैंने वहीं ठहरने का निश्चय किया; परन्तु हमारे सहयात्रियों में जो एक-दो सच्चे तीर्थयात्री थे, वे उसी समय अपने पण्डे का आतिथ्य स्वीकार करने चले गये। पण्डाजी हमें भी बुलाने आये और उनकी नम्रता और उनका शील देखकर मेरा पण्डों के प्रति उपेक्षा भाव तो दूर हो गया; परन्तु वह स्थान इतना रमणीक था कि उसे छोड़ने की कल्पना भी अच्छी नहीं लगी।

वहीं रुपये सेर दूध, रुपये सेर आटा और एक आने की एक छोटी लकड़ी के हिसाब से लकड़ियाँ मँगाकर भोजन की व्यवस्था की गयी। कदाचित् इस महँगेपन के कारण ही बदरीनाथ में यात्रियों के स्वयं भोजन न बनाकर पण्डे के यहाँ या बाजार में भोजन का प्रबन्ध करने की प्रथा है। इस प्रथा का अनुकरण करने के कारण पुरी में ठहरनेवाले हमारे साथी इतने अस्वस्थ हो गये कि दूसरे ही दिन उन्हें उसे छोड़ देना पड़ा।

उस दिन तीसरे पहर तक उन रुपहले शिखरों को मन भरकर देखने के उपरान्त अलकनन्दा का छोटा-सा पुल पार करके हम सब पुरी देखने निकले; परन्तु देखकर केवल निराशा हुई। संकीर्ण गलियाँ और घर दुर्गन्धपूर्ण और गन्दे थे। देखकर सोचा कि जब हम इतने बड़े तीर्थस्थान को भी स्वच्छ और सुन्दर नहीं रख सकते, तब किसी और स्थान को स्वच्छ रखने की आशा तो दुराशा मात्र है। उत्तुंग स्वर्ग के चरणों से

ही नरक की अतल गहराई बँधी है। इसका प्रमाण ऐसे ही स्थानों में मिल सकता है। जहाँ पुण्य-पाप, पवित्रता-मलिनता और करुणा-क्रूरता के एक-दूसरे में जीनेवाले, द्वन्द्व प्रत्यक्ष आ जाते हैं।

असंख्य गण्यमान्य और नगण्य, धनी और दरिद्र, शक्ति-सम्पन्न और दुर्बल, सपरिजन और एकाकी यात्री वहाँ प्रतिवर्ष जाते-आते हैं। धनिकों के सारे अभाव तो उनका धन दूर कर देता है; परन्तु दरिन्द्रों के लिए न रहने का अच्छा प्रबन्ध है, न भोजन का। फलतः अधिकांश यात्री रोगी होकर लौटते हैं और कुछ मार्ग में ही परमधाम चल देते हैं।

उस दिन हम लोग दो मील दूर उस मन्दिर को देखने गये, जो द्रौपदी के गलने के स्थान पर उसकी स्मृति में बनाया गया है। यहाँ से थोड़ी ही दूर पर दो पर्वतों के बीच से निकलती हुई वसुधारा की पतली धार दिखाई दी जो दूर से बादलों से छनकर आती हुई किरणों की तरह जान पड़ती थी। उसी के पास व्यास गुफा और तिब्बत जाने का मार्ग है और वहीं तिब्बती लोगों के एक ग्राम का भग्नावशेष है, जिसमें अब भी कुछ लोग आते-जाते दृष्टिगोचर हो जाते हैं।

बदरीनाथ पुरी में देखने योग्य वस्तुओं में मन्दिर और अलकनन्दा के बीच में एक बहुत उष्ण जल का और एक ठण्डे जल का स्रोता है। वहीं एक कुण्ड बना दिया गया है जिसमें दोनों स्रोतों का जल मिलाकर यात्रियों को स्नान कराया जाता है। सम्भव है यही तप्त कुण्ड इस स्थान की प्रसिद्धि का कारण हो।

मन्दिर अपनी प्रसिद्धि के अनुरूप नहीं है और भीतर द्वारों पर कठघरे से लगाकर मानो भगवान को भी बन्धन में डाल दिया है। द्वारपाल उन्हीं को सरलता से प्रवेश करने देते हैं, जो वेशभूषा से सम्भ्रान्त व्यक्ति जान पड़ते हैं। और मलिन वेशवाले दरिद्र, घण्टों सतृष्ण दृष्टि से उन जाने-आने वालों को देखते रहते हैं। भीतर जाकर लाल पगड़ीवाले सिपाहियों को अन्तःद्वार की रक्षा करते देखकर हमारे विस्मय की सीमा नहीं रही। वे भी वस्त्रों को आदर की दृष्टि से देखते थे और दीन स्त्री-पुरुषों को हाथ पकड़-पकड़कर रोक देते थे। उस द्वार को भी पार कर नर नारायण की मूक प्रतिमा देखी, जिस पर न हर्ष था न विषाद, न कभी कुछ होने की आशा ही थी। केवल उनके पुजारी की आँखें हर्ष से नाच रही थीं; वे दोनों हाथों से चढ़ावे के थाल से चाँदी की राशि बटोर रहे थे। भगवान के लिए नहीं, परन्तु उनके पुजारी की प्रसन्नता के लिए मैंने भी रजत खण्ड चढ़ाकर विषण्ण मुख से विदा ली।

दूसरे दिन हमने निकटवर्ती चाँदी के पहाड़ पर चढ़ना आरम्भ किया, जिसमें बड़ा आनन्द आया। कहीं-कहीं बर्फ जमकर ऐसी हो गयी थी कि संगमरमर का भ्रम हो जाता था। न वह गलता था और न कुछ विशेष ठण्डा लगता था। उससे ठण्डा तो

अलकनन्दा का जल था, जिसमें हाथ डालते ही उँगलियाँ ऐंठ जाती थीं। हवा में कुछ विशेष सर्दी नहीं मालूम हुई। मुझे तो गर्म कपड़े भी नहीं पहनने पड़े। जहाँ बर्फ पिघल रही थी, वहाँ से खोदकर कुछ बर्फ खायी और कुछ के गोले बनाकर लाये।

तीसरे दिन प्रस्थान के समय फिर मन्दिर में जाकर फूलों की माला न मिलने के कारण जंगली तुलसी के पत्तों की माला चढ़ाकर विदा हुए। पण्डाजी सुफल बोलने के लिए उत्सुक थे; परन्तु मुझसे यह सुनकर कि मेरी यात्रा की सफलता मेरे मन पर निर्भर है, मौन हो रहे। उन्होंने मुझे प्रसाद दिया और मैंने उनके आतिथ्य के बदले में कुछ उन्हें अर्पण किया। केवल उनसे स्वर्ग के लिए प्रवेश-पत्र लेना मुझे स्वीकार नहीं था। बँगले में लौटकर कैमरे का कुछ दुरुपयोग-सदुपयोग किया। फिर नारायणदत्तजी से मिलकर उनके आतिथ्य के बदले में कुछ भेंट देनी चाही। परन्तु उन्हें तो भगवान के मन्दिर में रहने का सौभाग्य प्राप्त नहीं था, जो लक्ष्मी की चरण-सेवा करना जानते। वे हमारी श्रद्धांजलि से ही सन्तुष्ट हो गये।

बदरीनाथ हमारा ऐतिहासिक तीर्थ स्थान है, परन्तु असंख्य यात्रियों में से दो-चार ने भी कभी इसकी दुर्व्यवस्था के कारणों पर विचार किया होगा, ऐसा विश्वास नहीं होता। ग्राम गन्दा है, मन्दिर टूटा जा रहा है और तप्त कुण्ड की ओर अलकनन्दा की धारा बढ़ती आ रही है। सम्भव है, किसी दिन यह पवित्र और ऐतिहासिक नगरी केवल पुरातत्त्ववेत्ताओं की खोज का विषय रह जाये।

"पर भाई जान! बम्बई जहाँ मन करे वहाँ भर पेट घूमिये, पर किसी भले मानुस के घर टिकने का नाम न लीजिएगा। आपको देखा नहीं कि उनके प्राण सूखे नहीं। आँखें चार होते ही जी आधा हो जाता है, जूड़ी आने लगती है, मन-ही-मन कोसने लगता है-'यह सनीचर कहाँ से आ टपका।'"

देख ली! यारो तुम्हारी बम्बई

पं. सीताराम चतुर्वेदी

दिल्ली का लड्डू जो खाय वह पछताय, न खाय वह भी पछताय। बम्बई में जो जाय वह पछताय, न जाय वह और भी पछताय। बम्बई में गाड़ी से तले पैर धरते ही आँखें खुल जाती हैं। बोरीबन्दर पर गाड़ियों का वह जमघट, बिजली के दुमुँहे इंजनों की वह मीठी सरसराहट कि न धूल न धक्कड़, धीरे से कूऽऽ किया और सरपट चल दिया। न कनफोड़ सीटी, न भकभक, न झकझक और आना-जाना कितना सस्ता। दो आने का ट्राम का टिकट लेकर कोलाबा से दादर तक चक्कर लगा आइए। फिर बम्बई में घुसकर देखिए तो घर-घर के तले जलपान घर, बिना इंजन की बिजली गाड़ी, बड़ी-बड़ी दुतल्ली बसें और इतनी ऊँची-ऊँची अटारियाँ कि ऊपर सिर उठाओ तो टोपी नीचे गिर पड़े। किसी दुकान में पहुँच भर जाइए तो जी झक्क हो जाय। क्या है जो यहाँ नहीं मिल सकता? सुई से लेकर मोटर तक जो चाहें जितनी चाहें ले लीजिए। धरती पर का ऐसा कोई मोती नहीं जो यहाँ न मिल जाय।

पर भाई जान! बम्बई जहाँ मन करे वहाँ भर पेट घूमिये, पर किसी भले मानुस के घर टिकने का नाम न लीजिएगा। आपको देखा नहीं कि उनके प्राण सूखे नहीं। आँखें चार होते ही जी आधा हो जाता है, जूड़ी आने लगती है, मन-ही-मन कोसने लगता है—"यह सनीचर कहाँ से आ टपका।" वह भी क्या करे? ले देकर, पगड़ी पूजकर एक ही तो खोली हाथ लगी, उसी में उसके कच्चे-बच्चे भी भुस बनकर पड़े हैं। बम्बई में कहावत हो गयी है—"मुम्बई माँ रोटलो मलशे, पण ओटलो नयी मलशे।" (बम्बई में रोटी तो मिलती है पर ठिकाना नहीं मिलता।) इसीलिए आपका मुँह देखते ही उनका मुँह फक्क हो जाता है, ऊपर की साँस ऊपर और नीचे की नीचे रह जाती और वे मन-ही-मन महावीरजी को मनाने लगते हैं कि यह सनीचर टले तो सवा पाव पेड़ा चढ़ावें।

भाड़ में जायँ ऐसे संगी-साथी और हितनात जो मिलते ही खिल न उठें। नाम न लीजिए ऐसों की देहली झाँकने का। 'आपको न चाहें वाके बाप को न चाहिए।'

धता बताइए ऐसी हेलीमेलियों को जो आपको देखते ही कन्नी काट जायँ, आँख चुरा जायँ—

आबत ही हरषे नहीं, नयनन नहीं सनेह।
तुलसी तहाँ न जाइए, कंचन बरसै मेह।।

इससे अच्छा कहीं इधर-उधर किसी छोटे-मोटे तबेले में पड़ रहिए। जो रूखी-सूखी मिल जाय, खाकर सो रहिए—

रहिमन रहिला की भली, जो परसै मन लाय।
परसत मन मैलो करै, सो मैदा जरि जाय।।

यहाँ जिसे देखिये साहब बना फिरता है। पूछो तो सीधे मुँह बात नहीं करता। अपने को धन्ना सेठ का बाप समझता है। बाप न मारी मेंढ़की बेटा तीरन्दाज। घर में भूँजी भाँग नहीं, पर ठाट-बाट ऐसा नवाबी, मानो सैकड़ों रनवास बसाये बैठे हों। लड़कों के भी कान काटती हैं यहाँ की लड़कियाँ। पैंठ गाल लाल-लाल किये, घुटनों तक टाँग उघाड़े, बालों में सौ-सौ लहरे दिये, तितली बनी हाथ में बटुवा लेकर जब निकलती हैं तो सारा बम्बई हाय कर उठता है और टर्री ऐसी कि नाक पर मक्खी न बैठने दें। कोई छेड़ दे, तो गले में दुपट्टा डाल बैठें। अकबर चिल्लाते मर गये—

तालीम लड़कियों की जरूरी तो है मगर।
खातून खाना हों वे सभा की परी न हों।।
जो इल्लो मुत्तकी हों, वले उनके मुंतजिम।
उस्ताद अच्छे हों मगर, उस्तादजी न हों।।

जब प्रयाग की लड़कियों की चाल-ढाल देखकर वे इतने खीज उठे तो बम्बई की लड़कियों को देखकर वे हाराकिरी ही कर लेते।

बड़े लोगों की बात न पूछिए। गाड़ी से नीचे पैर नहीं धरते। पर छोटे बाबू उनके भी चचा हैं। बड़े मियाँ सो बड़े मियाँ छोटे मियाँ सुभान-अल्ला। बिना जेब खनखनाये या नोटों की झलक दिखाये मुँह उठाकर देखते तक नहीं। पर जहाँ कलदार फेंकिये कि सब झुक-झुककर बिलैया डंडौत करने लगें। जिधर देखो उधर दिन-रात रुपये की हाय-हाय पड़ी हुई है—हाय रुपैया, हाय रुपैया।

खुदा खुदा न सही राम राम करो।
जिसमें पैसा मिले वो काम करो।।

खाने-पीने के नाम भी जय सियाराम ही समझिए। सच्चे के नाम भगवान या नारियल का पानी। दूध ऐसा कि जिसे दिया जाय उसके हाथ पानी ही पानी लगे।

लँगोटा कसकर डुबकी मारने पर भी उसे यही थाह न लग पावे कि यह दूध में पानी है या पानी में दूध है।

रबड़ी, मलाई, खुरचन-पेड़े का कहीं नाम नहीं। जहाँ देखो वहाँ बटाटे बड़े और 'राईस प्लेट चालू आहे' की धूम है। कहीं किसी जल-पान घर में पैर भर रखिये तो मूँगफली के तेल की सड़ी गन्ध से नाक बस्सा उठे। बड़ा नाम सुना था चौपाटी का, पर वहाँ भी जाइए तो वहाँ बटाटे का चाप और पकौड़ा, वह भी मूँगफली के तेल में तला हुआ। कोई एक दिन खा ले तो दस दिन वैद्यजी की देहली खूँदनी पड़ जाय। दीवाला पिट जाय। तानसा झील का पानी भी ऐसा पहलवानी कि पच्चीस बरस का जवान बरस-भर जमकर पीए, तो पाँच सौ बरस का बूढ़ा होकर ममी बनकर पिरैमिड की खोह में लेट जाय—

देखिए यह सीन कितना ग्रैण्ड है।
देह है या साइकिल का स्टैण्ड है।

और बाहरी बम्बई की हिन्दी। तुमकू किदर जाने का है। तुमेरा औरत खोली का बाजू में पड़ेला है। तुम कबी (कब) जाने को माँगता। ये तुमेरा छाती (छतरी) नहीं तो किसी का (किस) है। टपाल का तपास को नहीं तो तुमकू पगार नहीं देगा, रजा नहीं मिलेगी। हमकू बोला तो क्या करने का? मेरे कू किधर भी नहीं जाने का है। तुम खाली-पाली धूम क्या पड़ता है? तुमेरा भाई किधर बी होयगा। कौन कू बोला? वहाँ के लोग अपने घर 'चौपड़ी' बाँचते हैं। गाड़ी में उन्हें 'गर्दी' मिलती है 'भीड़' नहीं। 'मैं वहाँ था' के बदले कहते हैं 'हम उधर होता'। कुछ न पूछिए। जिस दिन यह हिन्दी कान में पड़े तो अच्छा पढ़ा-लिखा हिन्दी का पंडित भी पागल हो उठे, तेल में अफीम घोलकर पी रहे, संखिये की डली निगल जाय—

काबुल गये तुरुक बन आये, बोले झटपट बानी।
'आब-आब' करि मुएँ मियाँ, सिरहाने रक्खा पानी।।

बनारसी मस्ती में पले हुए साँड वहाँ एक पखवाड़े रह जायँ तो सूखकर टेंगर हो जायँ, हाड़-ड़ाड़ निकल आये। जहाँ के लोग दो-चार घंटे गप-सड़ाका न लगाते हों, दो बीड़ा पान जमाकर घड़ी आध घड़ी तमोली की दुकान पर गलचौर न करते हों, भाँग बूटी छानकर पहर-दोपहर तरी न लेते हों, वह भी कोई भले मानसों की बस्ती है—.

चना चबैना गंगाजल, जो पुजवै करतार ।
कासी कबहुँ न छाँड़िए, विश्वनाथ दरबार।।

कहाँ तो वह काशी जहाँ सात बार में नौ त्योहार होते हैं और कहाँ बम्बई, जहाँ त्योहार के दिन भी निन्यानवे का त्योहार लगा रहता है।

देख ली यारो तुम्हारी बम्बई ।
हो तुम्हें ही यह मुबारक बम्बई।

हमें तो अपनी काशी अच्छी–

मुक्ति जन्म महि जानि, ज्ञान खानि अधे हानिकर।
जहँ बस संभु भवानि, सो कासी सेइय कस न ।।

तरुण विजय

कैलास-मानसरोवर यात्रा

तरुण विजय

हिन्दुओं के भूतल स्वर्ग कहलाने वाले कैलास और मानसरोवर नामक दो महातीर्थ हिमालयान्तर्गत कैलास पर्वतमाला के मध्यंकरी नाम से प्रसिद्ध पश्चिम तिब्बत में हैं। तीर्थपुरी, जहाँ पुराणों में वर्णित भस्मासुर भस्म हुआ; रावण-हृद, जहाँ लंकाधीश रावण ने शिव की तपस्या की थी तथा मान्धाता पर्वत, जहाँ चक्रवर्ती मान्धाता ने तपस्या की थी, कैलास और मानसरोवर के निकट हैं। इन्हीं के आस-पास शतद्रु, सिन्धु, ब्रह्मपुत्र और करनानी नदियों के उद्गम स्थान हैं। कैलास और मानसरोवर विश्व की सबसे सुन्दर और सबसे दुर्गम तीर्थ-यात्रा हैं। पृथ्वी लोक पर यही एक ऐसा स्थान है जहाँ देवाधिदेव महादेव शिव का निवास स्थान है और जिसे हम अपनी आँखों से देख सकते हैं, जहाँ के क्षेत्र को स्पर्श कर सकते हैं। कैलास की परिक्रमा दो दिनों में पूरी की जाती है। मानसरोवर की परिधि 90 कि.मी. है। यह परिक्रमा भी दो दिनों में पूरी की जाती है।

दिल्ली से लगभग 865 कि.मी. दूर हैं ये क्षेत्र। दिल्ली से यात्रा-मार्ग में धारचूला तक बस जाती है, आगे बैलों या खच्चरों पर रास्ता तय करना होता है, कौसानी में पहला शिविर था। कौसानी आते ही प्रकृति के सुकुमार कवि सुमित्रानन्दन पन्त की याद हो आयी। यहीं उनका घर है, जो सुनते हैं अब एक संग्रहालय बना दिया गया है। कौसानी की सुन्दरता अद्भुत है। हर क्षण बदलता गगन, शान्त सौम्य घाटी, चीड़-देवदार के घने जंगलों के बीच नववधू की तरह झाँकती कोई झोंपड़ी और उसकी चिमनी से उठते हुए धुएँ की पतली रेखा... चारों ओर हिमधवल शैल शिखर पर पिघलती सन्ध्या के अलसाये रंग—गुलाबी, बैंगनी, सलेटी... ।

पहाड़ में भूस्खलन का क्या अर्थ होता है, यह देखे बिना समझना कठिन है। पहाड़ का एक हिस्सा धँस जाता है, उस हिस्से की चट्टानें, पेड़, मिट्टी सब एक बड़े शोर के साथ नीचे लुढ़क पड़ती हैं। चट्टानों के चट्टानों से और पत्थरों से टकराने का शोर और फिर लपाक्। नीचे बहती नदी तक इन लुढ़कते पत्थरों-चट्टानों को कौन रोके! सीधे नदी में ही रुक कर चैन मिलता है। नदी की धारा इन नवागन्तुक पत्थरों, चट्टानों को बड़े वात्सल्य से धो-पोंछकर, दुलारकर अपने परिवार में बिठा लेती

है। यही नियति का भी क्रम है। शिखर पर पहुँचा व्यक्ति जब स्खलित हो गिरता है, तो उसके गिरने की कोई सीमा नहीं रहती। हाँ, तो कालीगाड़ में भूस्खलन से रास्ता रुक गया था। इस पार के इधर, उस पार के उधर।

वैसे भी, इन रास्तों पर रुक-रुक कर बढ़ने में ही आनन्द है। थोड़ी-थोड़ी दूर पर झरने, यानी दूधिया बौछारें। हज़ार दो हज़ार फीट ऊँचे शिखर के पास कहीं से फूटी जलधारा नीचे बही तो मार्ग में पत्थरों, चट्टानों पर उछल, चमक, थिरक, बिखर, अनन्त जलकणों में ऐसी फैली कि एक-एक कण साफ स्पष्ट अलग दिखे और वे जलकण हवा से अठखेलियाँ करते हुए चेहरे पर पड़ें तो चैतन्य का ऐसा स्पर्श हुआ जैसा मानो उस समय हुआ होगा जब रामकृष्ण परमहंस ने युवा नरेन्द्र के माथे पर उँगली धर कहा था—"ले रे नरेन, तू भी परम चेतना का रहस्य पा। जो कुछ मेरे पास था, तुझे दिया।" अहा! पहली बार लगा शब्दातीत होना क्या होता है! बचपन में लिखी एक कविता फिर से ज़ंग खाए स्मृति प्रकोष्ठ खोल बाहर उमड़ पड़ी—

चलो मन दूर चलें
पर्वत की छाँह में, बूँदों के गाँव में
हरियाली छप्पर के आँगन अभिराम में
दूर चलें, चलो मन दूर चलें।

× × ×

तकलाकोट से अगला पड़ाव तारचेन में था। मार्ग में मानसरोवर तट पर जैदी शिविर पड़ता है, जहाँ कुछ देर रुककर यात्री स्नान करते हैं और पास ही एक पहाड़ी पर चढ़कर कैलास के प्रथम दर्शन करते हैं। सुबह पाँच बजे, बस कच्चे पथरीले रास्ते पर हिचकोले खाती बढ़ रही थी। सुबह का सुरमई अँधेरा छँटता जा रहा था। एक घण्टे बाद अभी झपकी लगी ही थी कि एक चीख कानों पर पड़ी—अरे, बायीं ओर देखो, बायीं ओर! फैंटास्टिक! सबने तुरन्त बायीं ओर मुँह घुमाया तो अवाक् रह गये। वह स्वप्न था या सत्य! हलके-हलके उजाले में आकाश के अनन्त विस्तार के एक छोर पर दिव्य मणि-सा चमकता वह अपार गरिमामय पर्वत—शुभ्र, उज्ज्वल, मनमोहक! गाइड बोला—यह गुरला मान्धाता पर्वत है। लोकश्रुति के अनुसार महाराज मान्धाता ने मानसरोवर की खोज की थी और वहीं तट पर तपस्या की थी।

साढ़े सात बजे, मान्धाता पर्वत के मन्त्रमुग्ध कर देने वाले दर्शन के उपरान्त आगे बढ़े। हम एकदम मैदानी क्षेत्र से गुजर रहे थे। पठार, पहाड़ी क्षेत्र से बिलकुल भिन्न होता है। ऊँचाई पर रेगिस्तानी मैदान जैसा जहाँ छोटे-छोटे टीले, टीलेनुमा पहाड़ियाँ ही ज्यादा होती हैं। नौ बजे के लगभग दो पहाड़ियों के बीच स्फटिक-सा निर्मल गहरे नीले रंग का जलाशय दिखा तो सब यात्री खुशी से चिल्ला उठे—मानसरोवर! पर गाइड

ने बताया—वह राक्षस तालू है जिसे रावण-ह्रद भी कहते हैं। इसके बारे में कई कथाएँ प्रचलित हैं। इसका जल आचमन या स्नान के लिए उपयुक्त नहीं माना जाता। न यहाँ कोई पूजा होती है। कहते हैं रावण ने तपस्या कर शिवजी से वरदान माँगा कि वह कैलास लंका ले जाएगा। सब देवता परेशान हो गये—अब शिवजी के दर्शनार्थ लंका जाना पड़ेगा? बड़ी कठिनाई हो जाएगी। अन्ततः उन्होंने एक उपाय किया। जब रावण कैलास पर्वत उठाकर लंका की ओर बढ़ने लगा तो उसे तीव्र लघुशंका हुई। पास ही गणेश जी खड़े थे। रावण ने गणेश जी को कैलास थमाया और कहा जब तक वे निवृत्त होते हैं तब तक कैलास भूमि पर न रखें। पर प्रभु की माया तो विचित्र होती है। एक ओर कैलासपति भारी होते चले गये, दूसरी ओर रावण को निवृत्त होने में घण्टों लग गये। थककर गणेश जी ने कैलास भूमि पर रख दिया, सो रखा ही रह गया। कैलास लंका जाने से बच गया। राक्षस ताल उसी रावण का बनाया हुआ है। इसीलिए अपावन माना जाता है।

ग्यारह बजे हम मानसरोवर तट पर पहुँचे। मानसरोवर—मानसरोवर ही है। उसकी उपमा किसी से नहीं दी जा सकती। सूर्य की रश्मियाँ मानस के जल में परावर्तित हो अनन्त सूर्यों का आभास करा रही थीं। मानसरोवर की लहरें सागर की लहरों के समान उठतीं-गिरतीं, क्षितिज और मानस के जल का रंग एक जैसा-एक रूप! कहाँ जल की सीमा खत्म होती है और क्षितिज शुरू होता है जान पाना असम्भव। चारों ओर पठारी मैदान और कुछ-कुछ छोटी पहाड़ियाँ। मध्य में यह दैवी अपार जलराशि जिसे स्वयं ब्रह्मा ने अपने मानस से बनाया और जहाँ देवगण स्नान करने आते हैं। तट के आसपास रंगीन फूलों वाली घास थी, जिस पर पाँव रखते ही धँसते थे। मानसरोवर के हंसों के बारे में बहुत सुना था—काफी प्रयास किया कहीं दिखे—पर हंस तो नहीं, हाँ, जल बत्तखें जरूर दिखीं।

इसी मानसरोवर का वर्णन हमारे आदि ग्रन्थों में मिलता है। रामायण, महाभारत, सभी पुराणों—विशेषकर स्कन्दपुराण में इसका वर्णन है। बाणभट्ट की कादम्बरी, कालिदास के रघुवंश और कुमारसम्भवम्, संस्कृत और पाली के बौद्ध ग्रन्थों में भी इसका सुन्दर वर्णन है। बौद्ध ग्रन्थों में इसे अनोत्तत या अनवतप्त जो ऊष्मा और कष्ट से परे है—कहा गया है। महाभारत में इसे बिन्दुसर तथा जैन ग्रन्थों में इसे पद्म-ह्रद कहा गया है। इसके चारों ओर सतलज, करनाली (सरयू की एक सहयोगी नदी), ब्रह्मपुत्र तथा सिन्धु के उद्गम हैं। इसके उत्तर में कैलास, दक्षिण में गुरला मान्धाता और पश्चिम में राक्षस ताल है। सागर तट से 14,950 फीट की ऊँचाई पर स्थित मानसरोवर का व्यास 54 मील तथा गहराई 300 फीट है। यह 200 वर्गमील क्षेत्र में फैली है। यह विश्व की सबसे पवित्र, सबसे प्रसिद्ध और सबसे प्राचीन झील

है। सर्वे ऑफ इंडिया द्वारा सन् 1934 ई. में प्रकाशित एस.सी. बराई व एच.एच. हाइडन की पुस्तक में कहा गया है कि मानव सभ्यता के ज्ञान में यह सबसे प्राचीन झील है। भूगोलविदों की जानकारी में आने वाली सबसे पहली झील भी मानसरोवर ही है।

हाँ, मानसरोवर के तट पर आकर मानो होशोहवास गुम हो गये। एक दूसरे ही लोक में सब विचरने लगे। ठण्ड काफ़ी थी, फिर भी स्नान की तैयारी करने लगे। मानस को पहले प्रणाम किया, आचमन किया—एकदम मीठा अमृत जैसा स्वाद। फिर डरते-डरते एक पाँव ... दूसरा पाँव—सर्दी लग रही थी। हड्डियाँ तक काँप रही थीं। पर एक बार जल में आधा शरीर डूबा, पहली डुबकी लगाई तो फिर न सर्दी लगी, न भय, किनारे-किनारे घास काफ़ी है—15-20 फीट भीतर जाने पर 3-4 फीट की गहराई मिलती है। लहरें काफ़ी तेज होती हैं। पर पानी इतना निर्मल है कि दूर से देखने पर तल के पत्थर साफ़ चमकते हैं।

मानस में स्नान करके सूर्य को अर्घ्य दिया—गायत्री मन्त्र व महामृत्युंजय मन्त्र का जप किया। बाहर आकर कपड़े बदले और भागे पहाड़ी चढ़ने जहाँ से श्री कैलास दर्शन करने थे। (कैलास के दर्शन विभिन्न स्थानों से किये जाते हैं।) आज तो मुँह-माँगी मुराद मिल रही थी। पाँव में पंख थे, और मन में आकाश था। पन्द्रह मिनट लगे और पहाड़ी के ऊपर फैले मैदान के कोने पर पहुँचते ही ठीक सामने ज्योतिरूप शिवलिंग के आकार का हिमखंड दिखा बहुत दूर ... पर बहुत पास लगा। नीला आकाश, आसपास कुछ नहीं, मात्र एक-एक ही, केवल वह अत्युच्च शिखर, शुभ्र, आभायुक्त प्रभु को ज्योतित स्वरूप। मौन व्याप गया था सर्वत्र। किसी को किसी का ध्यान नहीं रहा। दंडवत् प्रणाम कर सब चुप बैठ गये। मुझ जैसे काग़ज़ काले करने वाले कलमजीवी के लिए यह अनुभव साक्षात् प्रभुदर्शन से कम न था।

खाना खाकर ज़रा धूप सेंकने निकले तो अतिथिगृह की पृष्ठभूमि में, पर्वतों के दरबार में सम्राट सदृश हिमपुंज से कैलास शिखर के दर्शन हुए। सबने झटपट पूजा की तैयारी की। यहाँ से कैलास के भावदर्शन होते हैं। कैलास और मान्धाता आमने-सामने हैं। कैलास की ओर मुख करें तो पीठ पीछे मान्धाता पर्वत। मध्य में राक्षसताल है।

तारचेन से कैलास की परिक्रमा शुरू होती है। परिक्रमा मार्ग 54 किलोमीटर का है। पहले दिन हमारा पड़ाव जेंबू में था। सुबह छह बजे हम चल पड़े और शाम के पाँच बजे हम जेंबू पहुँचे। किलोमीटर तो सिर्फ़ 22 थे, पर बेहद थकाने वाले। कहीं चढ़ाई तो कहीं मैदानी रास्ते। परिक्रमा के प्रारम्भ में ल्हाछू नदी मिली जिसका अर्थ है देवनदी। नदी के किनारे-किनारे चलते हुए कैलास पर्वत के दक्षिणी भाग के बड़े

भव्य दर्शन हुए। कैलास के इर्द-गिर्द छोटे-छोटे पर्वत हैं जिन पर कहीं शेषनाग, कहीं मूषक, कहीं गणपति की आकृति जैसे चिह्न दिखते हैं। वैसे मन में भाव हो तो गणपति देख लीजिए, न हो तो.....!

शाम के पाँच बजे जेंबू पहुँचे। चीनी घड़ियों में आठ बजे रहे थे। बाहर आये तो कैलास के महिमामय उत्तर-बाग के दर्शन हुए। शिखर पर बादल थे। धीरे-धीरे मानो मेघों की महीन पारदर्शी यवनिका उतरने लगी थी। इस भाग में रुद्र का-सा रूप है। कठोर श्यामवर्णी पर्वत, चौड़ा मस्तक, बीच-बीच में सौन्दर्यवर्द्धक त्रिपुण्ड-तिलक के समान हिम की रेखाएँ। कुछ क्षण और....फिर यह दर्शन भी पूर्णतः मेघों में छिप जाएगा। साँझ ढलने के साथ-साथ एक रोमांचक रहस्यमयता छाने लगी थी। एक तो बार-बार खुद को चिकोटी काटने पर भी विश्वास नहीं होता कि यहाँ तक आ गया हूँ। अपलक, एकटक कैलास को ही देखते रहने का मन होता है। ऐसा क्यों होता है कि कुछ स्थानों पर पावनता की अनुभूति होती है। इन पर्वतों के दर्शन मात्र करोड़ों हिन्दुओं को प्रभुदर्शन के समान आनन्द, उत्साह, रोमांच प्रदान करते हैं। युगों-युगों से यह श्रद्धा, यह विश्वास अनवरत चला आ रहा है।

कैलास चीन में है या तिब्बत में--हिन्दू मन इस भेद से परे हर दिन, हर क्षण कैलासपति शिव का ही स्मरण करना चाहता है--हाँ पासपोर्ट, वीसा, भाषाई दिक्कत जरूर मन में विचार कौंधाती है कि काश! अपने तीर्थ स्थलों की यात्रा निर्बाध हो पाती, निर्धन भी यहाँ आ पाते। पर जब तक हिन्दू तन-मन में सैकड़ों वर्षों की गुलामी के अवशिष्ट उसकी प्रखरता को मद्धिम करते रहेंगे, तब तक स्वत्व की रक्षा का सवाल ही कहाँ उठता है।

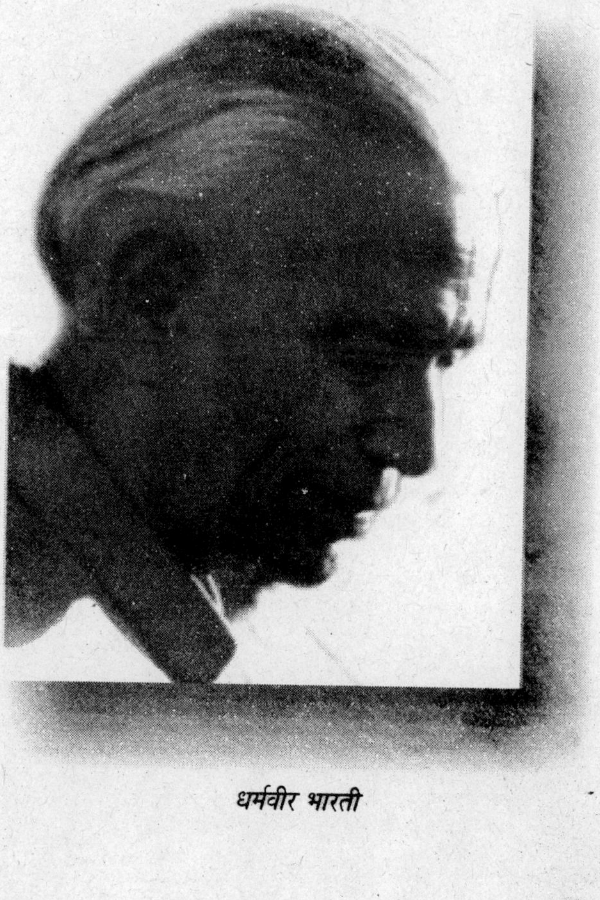

धर्मवीर भारती

ठेले पर हिमालय

धर्मवीर भारती

'ठेले पर हिमालय'—खासा दिलचस्प शीर्षक है न। और यकीन कीजिए, इसे बिलकुल ढूँढ़ना नहीं पड़ा। बैठे-बैठाए मिल गया। अभी कल की बात है, एक पान की दूकान पर मैं अपने एक गुरुजन उपन्यासकार मित्र के साथ खड़ा था कि ठेले पर बर्फ की सिलें लादे हुए बर्फवाला आया, ठण्डी, चिकनी, चमकती बर्फ से भाप उड़ रही थी। मेरे मित्र का जन्मस्थान अल्मोड़ा है। वे क्षण-भर उस बर्फ को देखते रहे, उठती हुई भाप में खोए रहे और खोए-खोए से ही बोले 'यही बर्फ तो हिमालय की शोभा है।' और, तत्काल शीर्षक मेरे मन में कौंध गया, 'ठेले पर हिमालय'।

सिर्फ बर्फ को बहुत निकट से देख पाने के लिए ही हम लोग कोसानी गये थे। नैनीताल से रानीखेत और रानीखेत से मझकाली के भयानक मोड़ों को पार करते हुए कोसी। कोसी से एक सड़क अल्मोड़े चली जाती है, दूसरी कोसानी। कितना कष्टप्रद, कितना सूखा और कितना कुरूप है वह रास्ता। पानी का कहीं नाम-निशान नहीं, सूखे-भरे पहाड़, हरियाली का नाम नहीं। ढालों को काटकर बनाये हुए टेढ़े-मेढ़े खेत, जो थोड़े से हों तो शायद अच्छे भी लगें पर उनका एकरस सिलसिला बिलकुल शैतान की आँत मालूम पड़ता है। फिर मझकाली के टेढ़े-मेढ़े रास्ते पर अल्मोड़े का एक नौसिखिया और लापरवाह ड्राइवर, जिसने बस के तमाम मुसाफिरों की ऐसी हालत कर दी कि जब हम कोसी पहुँचे तो सभी मुसाफिरों के चेहरे पीले पड़े हुए थे। कोसानी जाने वाले सिर्फ हम दो थे, वहीं उतर गये। बस अल्मोड़े चली गयी। सामने के एक टीन के शेड में काठ की बेंच पर हम वक्त काटते रहे। तबीयत सुस्त थी और मौसम में उमस थी। दो घण्टे बाद दूसरी लारी आकर रुकी और जब उसमें से प्रसन्न वदन-शुक्ल जी को उतरते देखा तो हम लोगों की जान में जान आयी। शुक्ल जी जैसा सफर का साथी पिछले जन्म के पुण्यों से ही मिलता है। उन्होंने ही हमें कोसानी आने का उत्साह दिलाया था और खुद तो कभी उनके चेहरे पर थकान या सुस्ती दीखी ही नहीं थी, उन्हें देखते ही हमारी भी सारी थकान काफूर हो जाया करती थी।

पर, शुक्ल जी के साथ यह नयी मूर्ति कौन है? लम्बा-दुबला शरीर, पतला साँवला चेहरा, एमिल जोला-सी दाढ़ी, ढीला-ढाला पतलून, कन्धे पर पड़ी हुई ऊनी

जर्किन, बगल में लटकता हुआ जाने थर्मस या कैमरा या बाइनाकुलर। और, खासी अटपटी चाल थी बाबू साहब की। यह पतला-दुबला मुझ-जैसा सींकिया शरीर और उस पर आपका झूमते हुए आना; मेरे चेहरे पर निरन्तर घनी होती हुई उत्सुकता को ताड़कर शुक्ल जी ने कहा--'हमारे शहर के मशहूर चित्रकार हैं, सेन, अकादमी से इनकी कृतियों पर पुरस्कार मिला है। उसी रुपये से घूमकर छुट्टियाँ बिता रहे हैं।' थोड़ी ही देर में हम लोगों के साथ सेन घुलमिल गया, कितना मीठा था हृदय से वह। वैसे उसके करतब आगे चलकर देखने में आये।

कोसी से बस चली, तो रास्ते का सारा दृश्य बदल गया। सुडौल पत्थरों पर कल-कल करती हुई कोसी, किनारे के छोटे-छोटे सुन्दर गाँव और हरे मखमली खेत। कितनी सुन्दर है सोमेश्वर की घाटी। हरी हरी। एक के बाद एक बस-स्टेशन पड़ते थे, छोटे-छोटे पहाड़ी डाकखाने, चाय की दूकानें और कभी कोसी या उसमें गिरने वाले नदी-नालों पर बने हुए पुल। कहीं-कहीं सड़क निर्जन चीड़ के जंगलों से गुजरती थी। टेढ़ी-मेढ़ी ऊपर-नीचे रेंगती हुई अजगर सी सड़क पर धीरे-धीरे बस चली जा रही थी। रास्ता सुहावना था और उस थकावट के बाद उसका सुहावनापन हमें और भी तंद्रालस बना रहा था। पर ज्यों-ज्यों बस आगे बढ़ रही थी--त्यों-त्यों हमारे मन में एक अजीब सी निराशा छाती जा रही थी--अब तो हम लोग कोसानी के नजदीक हैं, कोसी से 18 मील चले आये, कोसानी सिर्फ छह मील है, पर कहाँ गया वह अतुलित सौन्दर्य, वह जादू जो कोसानी के बारे में सुना जाता था।

आते समय मेरे एक सहयोगी ने कहा था कि कश्मीर के मुकाबले में उन्हें कोसानी ने अधिक मोहा है, गाँधी जी ने यहीं 'अनासक्तियोग' लिखा था और कहा था--"स्विट्जरलैंड का आभास कोसानी में ही होता है।" ये नदी, घाटी, खेत, गाँव सुन्दर हैं किन्तु इतनी प्रशंसा के योग्य तो नहीं ही है। हम कभी-कभी अपना संशय शुक्ल जी से व्यक्त भी करने लगे और ज्यों-ज्यों कोसानी नजदीक आती गयी त्यों-त्यों अधैर्य, फिर असन्तोष और अन्त में तो क्षोभ हमारे चेहरे पर झलक गया। शुक्ल जी की क्या प्रतिक्रिया थी हमारी इन भावनाओं पर, वह स्पष्ट नहीं हो पाया, क्योंकि वे बिलकुल चुप थे। सहसा बस ने एक बहुत लम्बा मोड़ लिया और ढाल पर बढ़ने लगी।

सोमेश्वर की घाटी के उत्तर में जो ऊँची पर्वतमाला है उसी पर बिलकुल शिखर पर कोसानी बसा हुआ है। कोसानी से दूसरी ओर फिर ढाल शुरू हो जाता है। कोसानी के अड्डे पर जाकर बस रुकी। छोटा-सा बिलकुल उजड़ा-सा गाँव और बर्फ का तो कहीं नाम निशान नहीं। बिलकुल ठगे गये हम लोग। कितना खिन्न था मैं। अनखाते हुए बस से उतरा कि जहाँ था वहीं पत्थर की मूर्ति सा स्तब्ध खड़ा रह गया।

कितना अपार सौन्दर्य बिखरा था सामने की घाटी में। इस कोसानी की पर्वतमाला ने अपने अंचल में यह जो कत्यूर की रंग-बिरंगी घाटी छिपा रखी है, इसमें किन्नर और यक्ष ही तो वास करते होंगे। पचासों मील चौड़ी यह घाटी, हरे मखमली कालीनों जैसे खेत, सुन्दर गेरु की शिलाएँ काटकर बने हुए लाल-लाल रास्ते, जिनके किनारे सफेद-सफेद पत्थरों की कतार और इधर-उधर से आकर आपस में उलझ जाने वाली बेलों की लड़ियों सी नदियाँ। मन में बेसाख्ता यही आया कि इन बेलों की लड़ियों को उठाकर कलाई में लपेट लूँ, आँखों से लगा लूँ। अकस्मात् हम एक दूसरे लोक में चले आये थे। इतना सुकुमार, इतना सुन्दर, इतना सजा हुआ और इतना निष्कलंक—कि लगा, इस धरती पर तो जूते उतार कर, पाँव पोंछकर आगे बढ़ना चाहिए।

धीरे-धीरे मेरी निगाहों ने इस घाटी को पार किया और जहाँ से हरे खेत और नदियाँ और वन, क्षितिज के धुँधलेपन में, नीले कुहरे में घुल जाते थे, वहाँ पर कुछ पर्वतों का आभास अनुभव किया। उसके बाद बादल थे, और फिर कुछ नहीं। कुछ देर उन बादलों में निगाह भटकती रही कि अकस्मात् फिर एक हलका-सा विस्मय का धक्का मन को लगा। इन धीरे-धीरे खिसकते हुए बादलों में यह कौन चीज़ है जो अटल है। यह छोटा बादल के टुकड़े-सा—और कैसा अजब रंग है इसका, न सफेद न रुपहला, न हलका नीला—पर तीनों का आभास देता हुआ—यह है क्या? बर्फ तो नहीं है। हाँ जी। बर्फ नहीं है तो क्या है? और अकस्मात् बिजली-सा यह विचार मन में कौंधा कि इसी कत्यूर घाटी के पार वह नगाधिराज पर्वत-सम्राट् हिमालय है, इन बादलों ने उसे ढाँक रखा है। वैसे, वह सामने क्या है, उसका एक कोई छोटा सा बाल-स्वभाववाला शिखर बादलों की खिड़की से झाँक रहा है। मैं हर्षातिरेक से चीख उठा, 'बर्फ'। वह देखो। शुक्ल जी ने सेन, सभी ने देखा, पर अकस्मात् वह फिर लुप्त हो गया। लगा, उसे बाल-शिखर जान किसी ने अन्दर खींच लिया कि खिड़की से झाँक रहा है, कहीं गिर न पड़े।

पर, उस एक क्षण के हिम-दर्शन ने हम में जाने क्या भर दिया था। सारी खिन्नता, निराशा, थकावट—सब छूमंतर हो गयी। हम सब आकुल हो उठे। अभी ये बादल छँट जाएँगे और फिर हिमालय हमारे सामने खड़ा होगा—निरावृत्त—असीम सौन्दर्य-राशि हमारे सामने अभी-अभी अपना घूँघट धीरे से खिसका देगी और—और तब? सचमुच मेरा दिल बुरी तरह धड़क रहा था। शुक्ल जी शान्त थे, केवल मेरी ओर देखकर कभी-कभी मुस्करा देते थे, जिसका अभिप्राय था, 'इतने अधीर थे, कोसानी आयी भी नहीं और मुँह लटका लिया। अब समझे यहाँ का जादू।' डाक बँगले के खानसामे ने बताया कि 'आप लोग बड़े खुशकिस्मत हैं, साहब। चौदह

टूरिस्ट आकर हफ्ते भर पड़े रहे, बर्फ नहीं दीखी। आज तो आपके आते ही आसार खुलने के हो रहे हैं।'

सामान रख दिया गया। पर मैं, मेरी पत्नी, सेन, शुक्ल जी अभी बिना चाय पिए सामने के बरामदे में बैठे रहे और एकटक सामने देखते रहे। बादल धीरे-धीरे नीचे उतर रहे थे और एक-एक कर नये-नये रूपों की हिमरेखाएँ अनावृत्त हो रही थीं। और फिर सब खुल गया। बायीं ओर से शुरू होकर दायीं ओर गहरे शून्य में धँसती जाती हुई हिम शिखरों की ऊबड़-खाबड़ रहस्यमयी रोमांचक शृंखला। हमारे मन में उस समय क्या भावनाएँ उठ रही थीं, यह अगर बता पाता तो यह खरोंच, यह पीर ही क्यों रह गयी होती। सिर्फ एक धुँधला-सा संवेदन अवश्य था कि जैसे बर्फ की सिल के सामने खड़े होने पर मुँह पर ठण्डी-ठण्डी भाप लगती है, वैसे ही हिमालय की शीतलता माथे को छू रही है और सारे संघर्ष, सारे अन्तर्द्वन्द्व, सारे ताप जैसे नष्ट हो रहे हैं। क्यों पुराने साधकों ने दैहिक, दैविक और भौतिक कष्टों को ताप कहा था और उसे नष्ट करने के लिए वे क्यों हिमालय जाते थे, यह पहली बार मेरी समझ में आ रहा था। और, अकस्मात् एक दूसरा तथ्य मेरे मन के क्षितिज पर उदित हुआ। कितनी पुरानी है यह हिमराशि। जाने किस आदिम काल से यह शाश्वत, अविनाशी हिम इन शिखरों पर जमा हुआ है। कुछ विदेशियों ने इसीलिए हिमालय की इस बर्फ को कहा है—चिरंतन-हिम। सूरज ढल रहा था। आतंकित मन से मैंने यह सोचा कि पता नहीं उस पर कभी मनुष्य का चरण पड़ा भी है या नहीं या अनन्त काल से इन सूने बर्फ-ढके दर्रों में सिर्फ बर्फ के अन्धड़ हू-हू करते हुए बहते रहे हैं।

सूरज डूबने लगा और धीरे-धीरे ग्लेशियरों में पिघली केसर बहने लगी। बर्फ कमल के लाल फूलों में बदलने लगी, घाटियाँ गहरी नीली हो गयीं। अँधेरा होने लगा तो हम उठे और मुँह हाथ धोने और चाय पीने में लगे। पर सब चुपचाप थे, गुमसुम, जैसे सबका कुछ छिन गया हो, या शायद सबको कुछ ऐसा मिल गया हो, जिसे अन्दर ही अन्दर सहेजने में सब आत्मलीन हो अपने में डूब गये हों।

थोड़ी देर में चाँद निकला और हम फिर बाहर निकले—इस बार सब शान्त था। जैसे हिम सो रहा हो। मैं थोड़ा अलग आराम कुर्सी खींचकर बैठ गया। यह मेरा मन इतना कल्पनाहीन क्यों हो गया है। इसी हिमालय को देखकर किसने-किसने क्या-क्या नहीं लिखा और यह मेरा मन ही एक कविता तो दूर, एक पंक्ति, हाय एक शब्द भी तो नहीं जगाता।—पर कुछ नहीं, यह सब कितना छोटा लग रहा है इस हिम-सम्राट के समक्ष। पर धीरे-धीरे लगा कि मन के अन्दर भी बादल थे, जो छँट रहे हैं। कुछ ऐसा उभर रहा है जो इन शिखरों की ही प्रकृति का है—कुछ ऐसा जो इसी ऊँचाई पर उठने की चेष्टा कर रहा हैं, ताकि इनसे इन्हीं के स्तर पर मिल सके।

लगा, यह हिमालय बड़े भाई की तरह ऊपर चढ़ गया है, और मुझे—छोटे भाई को—नीचे खड़ा हुआ, कुंठित और लज्जित देखकर थोड़ा उत्साहित भी कर रहा है, स्नेहभरी चुनौती भी दे रहा है—'हिम्मत है? ऊँचे उठोगे?'

और सहसा सन्नाटा तोड़कर सेन रवीन्द्र की कोई पंक्ति गा उठा और जैसे तन्द्रा टूट गयी। हम सक्रिय हो उठे—अदम्य शक्ति, उल्लास, आनन्द जैसे हम में झलक पड़ रहा था। सबसे अधिक खुश था सेन, बच्चों की तरह चंचल, चिड़ियों की तरह चहकता हुआ। बोला, 'भाई साहब, हम तो वंडरस्ट्रक हैं कि यह भगवान् का क्या-क्या करतूत इस हिमालय में होता है।' इस पर हमारी हँसी मुश्किल से ठण्डी हो पायी थी कि अकस्मात् वह शीर्षासन करने लगा। पूछा गया तो बोला, 'हम हर पर्सपेक्टिव से हिमालय देखूँगा।' बाद में मालूम हुआ कि वह बम्बई की अत्याधुनिक चित्र शैली से थोड़ा नाराज़ है और कहने लगा, 'जो सब जीनियस लोग शीर का कुछ बल खड़ा होकर दुनिया को देखता है। इसी से मैं शीर का बल हिमालय देखता हूँ।'

दूसरे दिन घाटी में उतरकर, 12 मील चलकर हम बैजनाथ पहुँचे, जहाँ गोमती बहती है। गोमती की उज्ज्वल जलराशि में हिमालय की बर्फीली चोटियों की छाया तैर रही थी। पता नहीं, उन शिखरों पर कब पहुँचूँ, कैसे पहुँचूँ, पर उस जल में तैरते हुए हिमालय से जी भर कर भेंटा, उसमें डूबा रहा।

आज भी उसकी याद आती है तो मन पिरा उठता है। कल ठेले की बर्फ को देखकर वे मेरे मित्र उपन्यासकार जिस तरह स्मृतियों में डूब गये, उस दर्द को समझता हूँ, और जब ठेले पर हिमालय की बात कह कर हँसता है तो यह उस दर्द को भुलाने का ही बहाना है। वे बर्फ की ऊँचाइयाँ बार-बार बुलाती हैं और हम हैं कि चौराहों पर खड़े, ठेले पर लदकर निकलने वाली बर्फ को ही देखकर मन बहला लेते हैं। किसी ऐसे ही क्षण में, ऐसे ही ठेलों पर लदे हिमालयों से घिरकर ही तो तुलसी ने नहीं कहा था—'कबहुँक हौं यहि रहनि रहौंगे'—मैं क्या कभी ऐसे भी रह सकूँगा। वास्तविक हिम-शिखरों की ऊँचाइयों पर। और, तब मन में आता है कि फिर हिमालय को किसी के हाथ सन्देश भेज दूँ—'नहीं बन्धु...जाऊँगा। मैं फिर लौटकर वहीं जाऊँगा। उन्हीं ऊँचाइयों पर तो मेरा आवास है। वहीं मेरा मन रमता है—मैं करूँ तो क्या करूँ?'

मधु धवन

खुले आसमान तले

मधु धवन

रोमांचकारी नजारे

पर्वतों की वादियाँ अपनी बाँहें फैलाये हमेशा सैलानियों का स्वागत करती हैं। श्रीनगर की हसीन वादियों में आतंकवादियों का डर बना है तो शिमला, कुल्लू, मनाली, ऊटी, दार्जिलिंग आदि हिल स्टेशन अब बोरियत से भरपूर लगते हैं सोचा क्यों न विदेश की यात्रा करूँ। अब प्रश्न यह था कि पासपोर्ट, विदेश यात्रा वीसा आदि का प्रबन्ध भी करना था। मैं एक पर्यटक एजेंसी के पास गयी। उसके एजेंट ने बताया कि दो माह के बाद एक काफिला विश्व भ्रमण के लिए जा रहा है। आप क्यों नहीं उसमें शामिल हो जातीं। उसकी बात मन को भा गयी और हामी भर दी। मैंने पूछा कहाँ-कहाँ ले जाएँगे... उसने रीमिक्स की तरह बताना कहिए या गाना शुरू कर दिया... न्यूजीलैंड, फ्रांस, मलेशिया, सिंगापुर....

न्यूजीलैंड पहुँचकर दंग रह गये। किसी भी मन्त्री अथवा प्रधानमन्त्री के लिए कोई विशेष व्यवस्था नहीं की जाती। यहाँ का प्रधानमन्त्री और आम जन हवाई अड्डे पर एक ही कतार में खड़े होकर तथा एक ही विमान से यात्रा करते हैं। एक स्थानीय समारोह में हमें ले जाया गया। एक मन्त्री जब फीता काटने आये तो खुद की गाड़ी चलाकर आये। कुछ समय बाद चले गये। यह देख मुझे बड़ा आश्चर्य हुआ क्योंकि भारत में तो कोई भी मन्त्री बिना लश्कर के नहीं चलता।

वहाँ की प्राकृतिक छटा अवर्णनीय लगी। गाइड ने बताया था कि उत्तरी न्यूजीलैंड में आकलैंड, रोटोरुआ, नेपियर, हैंस्टिंग, वैलिंगटन देखने लायक हैं और दक्षिणी न्यूजीलैंड में बर्फीले नज़ारे, क्राइस्ट चर्च, क्वींसटाउन आदि प्राकृतिक सुन्दरता से भरपूर हैं।

जब हमने आकलैंड शहर के बीचोबीच स्काई टावर में काँच की दीवारों के पीछे खड़े होकर इस हार्बर शहर का नजारा देखा तो देखते ही रह गये। यहीं पर कैली टारलंटस अंडर वर्ल्ड में काँच की दीवारों में शार्क, स्टिंग रे तथा अन्य समुद्री जीवों का साक्षात्कार किया तो रोंगटे खड़े हो गये। रोटोरुआ में जमीन से गर्म फव्वारे (गीजर-से) और धुआँ निकालते कीचड़ के स्रोत (ब्वाइलिंग मड पूल) देखा तो डर के साथ-साथ हैरानी हुई।

यहाँ माओरी कबीले के लोग बड़ी संख्या में रहते हैं। रोटोरुआ में कई झीलें हैं जिनमें रोटोरुआ झील दर्शनीय है। यहीं पर मैंने देखा वन अनुसन्धान केन्द्र था जिसमें पाइनस रेटियेटा नामक वृक्ष पर शोध किया जाता है। मैंने जाना कि नेपिटर तथा हैस्टिंग्स को जुड़वाँ शहर क्यों कहते हैं क्योंकि इनकी सीमाओं में अन्तर करना कठिन है। दोनों शहरों की खूबसूरती फ्रैंच स्टाइल की इमारतों से कई गुना हो जाती है। यहाँ मैंने डॉल्फिन शो का भरपूर आनन्द उठाया। यह दृश्य मन के तमाम तनाव दूर करने का बेहतरीन साधन है।

मुझे मालूम था कि पामस्टन नार्थ को ज्ञान का शहर भी कहते हैं क्योंकि यह मैसी विश्वविद्यालय न्यूजीलेंड के पूर्व प्रधानमन्त्री के नाम पर बना था इस विश्वविख्यात विश्वविद्यालय को देखकर मन प्रफुल्लित हुआ।

दूसरे दिन हमें दक्षिणी न्यूजीलेंड में ले जाया गया जिसका मैं वर्णन नहीं कर सकती हालाँकि कश्मीर की हसीन वादियों में खूब रही हूँ किन्तु यहाँ के नजारे बन गये आँखों के तारे।

रोमांचपूर्ण यात्राओं के लिए विश्व प्रसिद्ध स्थल है क्राइस्ट चर्च–यह खूबसूरत बन्दरगाह शहर पर्यटकों के आकर्षण का मुख्य केन्द्र है। यहाँ पर काईकोरुआ नामक स्थल पर स्पर्म व्हेल के करतब देखे जा सकते हैं। इसके अलावा ट्रांस अल्पाइन रेल से अन्तरराष्ट्रीय आंटार्कटिका सेंटर की सैर, फ्रैंच जोसफ ग्लेशियर एवं माउंट कुक है जिन्हें हेलिकॉप्टर से देखा तो मुग्ध हो गयी। तीसरे दिन क्वींसटाउन देखा। यह न्यूजीलैंड की रोमांचक करतबों वाली राजधानी है। यहाँ एवीसोम फारसम और पाइपलाइन फारसम स्थानों से 71 मीटर तथा 102 मीटर की ऊँचाई से 'बंजी जंपिंग' की जाती है जिसे घण्टों देखा जा सकता है। इसके साथ कवारू तथा शोटओवर नदियों पर बोट से रोमांचकारी यात्रा की इसमें गहरे समुद्र जलप्रपात डॉल्फिन, सील, पैंग्विन आदि का भरपूर आनन्द उठाया। इतना घूमने पर भी थकावट का नामोनिशान न था।

कई पार्क देखे। फिर अगले दिन फ्रांस की ओर रवाना हुए। न्यूजीलैंड के एअरपोर्ट पर पर्यटकों की जाँच विभिन्न अत्याधुनिक मशीनों से की जा रही थी। खाने-पीने की वस्तुओं में किसी प्रकार का सूक्ष्म जीवाणु होने पर आपको वहीं लगी बिजली चालित भट्ठी में सामान फेंकना होता है। और अगर आपके जूते गन्दे हों तो भारी जुर्माना भरना पड़ता है। इस बात को हमारे गाइड ने हमें समझा दिया था अतः हम काफी सतर्क रहे।

भारत की तरह न्यूजीलेंड के हर चौराहे पर ट्रैफिक पुलिस नहीं होती पर वहाँ अत्याधुनिक कैमरे लगे हैं। जो पलक झपकते ही वाहन चालक की स्पीड फोटो सहित तथा चार्जशीट कम्प्यूटरीकृत घर पहुँचा देते हैं।

हमारे दल की जाँच हो चुकी थी। सब हर प्रकार से ठीक रहा। हम सब फ्रांस एयरलाइन्स की ओर बढ़े।

“तीन पर्वतीय अंचलों में बँटा हुआ है मेघालय–खासी पर्वत, गारो पर्वत और जयंतिया पर्वत। और इन्हीं तीन पर्वतीय अंचलों से बने हैं पाँच जिले–पूर्वी खासी पर्वत ज़िला, पश्चिमी खासी पर्वत ज़िला, पूर्वी गारो पर्वत ज़िला, पश्चिमी गारो पर्वत ज़िला और जयंतिया पर्वत ज़िला। हर अंचल की अपनी अलग संस्कृति है, रीति–रिवाज, पर्व–उत्सव हैं...”

चेरापूँजी से आया हूँ

प्रदीप पन्त

मेघालय—यानी बादलों का घर।

और मेघालय की राजधानी शिलंग? एक हरा-भरा पर्वतीय नगर, जहाँ हर वक्त बादल उमड़ते-घुमड़ते रहते हैं। दूर-दूर तक कहीं बर्फ का नाम नहीं, फिर भी अनायास बाबा नागार्जुन की कविता याद आ जाती है—

अमल-धवल गिरि के शिखरों पर
बादल को घिरते देखा है।

इतना बड़ा, स्वच्छ, सुन्दर पर्वतीय नगर अपने उत्तर भारत में कहीं नहीं है। ऐसी हरीतिमा भी शायद ही कहीं देखने को मिले। शिलंग का मुख्य बाज़ार अल्मोड़ा के 'लाला बाज़ार' से मिलता-जुलता है। स्त्री-पुरुषों के चेहरे, नाक-नक्श भी कुछ-कुछ वैसे ही। लेकिन न तो अल्मोड़ा का मौसम ही शिलंग जैसे सुहाना है, न अल्मोड़ा में शिलंग जैसी सघन हरीतिमा है।

और शिलंग से चेरापूँजी की ओर जाता मार्ग? दोनों ओर पहाड़ों और दरख्तों से पटा पड़ा है यह ऊँचा-नीचा सर्पाकार रास्ता। रास्ते को पार करते हुए दिखाई पड़ते हैं बादल, बहती है सुहानी हवा और कभी-कभी हो जाती है बूँदाबाँदी।

हमारी जीप शिलंग से 53 किलोमीटर दूर चेरापूँजी की ओर बढ़ रही है। मेरे साथ राज्य के एक अधिकारी श्री संगमा और उनके दो दोस्त बैठे हैं। चलते हुए उन्होंने परिचय कराया था, लेकिन मैं उनके नाम नहीं समझ सका। मैं जीप की खिड़की बन्द करते हुए संगमा से पूछता हूँ, "क्या साल-भर यहाँ वर्षा होती रहती है?"

"जी हाँ।" संगमा कहते हैं।

अब हम पहाड़ों को निहारते हुए चेरापूँजी की ओर बढ़ रहे हैं। सड़क के उस पार पहाड़ी कुहरे से घिरी हुई है। कुछ नहीं दिखाई देता, सिवाय धवल-उज्ज्वल कुहरे के। या फिर कहीं-कहीं कुहरे को चीरते हुए कुछ चोटियाँ और वृक्ष नज़र आते हैं।

तीन पर्वतीय अंचलों में बँटा हुआ है मेघालय—खासी पर्वत, गारो पर्वत और जयंतिया पर्वत। और इन्हीं तीन पर्वतीय अंचलों से बने हैं पाँच जिले—पूर्वी खासी

पर्वत ज़िला, पश्चिमी खासी पर्वत ज़िला, पूर्वी गारो पर्वत ज़िला, पश्चिमी गारो पर्वत ज़िला और जयंतिया पर्वत ज़िला। हर अंचल की अपनी अलग संस्कृति है, रीति-रिवाज, पर्व-उत्सव हैं, लेकिन हर कहीं पारिवारिक व्यवस्था मातृ-सत्तात्मक है—भूमि, धन, सम्पत्ति सब माँ से बेटी को मिलती है।

"मातृसत्तात्मक व्यवस्था होने के कारण वहाँ नारी-शोषण की वैसी घटनाएँ नहीं होतीं, जैसी कि देश के अन्य भागों में देखने-सुनने को मिलती हैं," संगमा कहते हैं।

स्त्री का यहाँ वर्चस्व है, यह अहसास गुवाहाटी के मेघालय की सीमा में घुसने के साथ ही होने लगता है। तमाम दुकानों पर स्त्रियाँ सौदा बेचती और बेहिचक बतियाती दिखाई देती हैं। शायद कमोबेश यह स्थिति पूर्वोत्तर के अन्य राज्यों में भी है, भले ही वहाँ मातृसत्तात्मक परिवार व्यवस्था न हो। कुछ साल पहले मणिपुर की राजधानी इम्फाल में भी यही सब देखा था। स्त्रियों का एक पूरा का पूरा बाज़ार ही है वहाँ, जिसे 'माइती बाज़ार' कहते हैं—यानी माँ का बाज़ार। दिन-दोपहर हुई नहीं कि सिर पर सब्जी, कपड़ों या अन्य सामान के टोकरे रखे स्त्रियाँ इस बाजार में आ पहुँचती हैं। दिन-भर सामान की बिक्री कर शाम को अपने-अपने घर लौट पड़ती हैं। किसी प्रकार का वर्गभेद नहीं। यानी अमीर घरों की स्त्रियाँ भी इस 'माइती बाज़ार' में मिल जाएँगी और गरीब घरों की स्त्रियाँ भी। और यह बाज़ार केवल इम्फाल में ही नहीं हैं, मणिपुर के हर नगर, कस्बे, गाँव में हैं—वहाँ की संस्कृति का एक अटूट सिलसिला।

बड़ी दिलचस्प बात बताई थी इम्फाल में मिली एक महिला ने जो लखनऊ की रहनेवाली थी और जिसका लखनऊ विश्वविद्यालय के विधि संकाय के एक मणिपुरी छात्र से प्रेम हो गया था। वह छात्र शिक्षा पूरी करके इम्फाल लौटते समय इस महिला को अपनी पत्नी बनाकर साथ ले आया था। इस उत्तर भारतीय पत्नी ने जब अपनी सास को सवेरे-सवेरे सिर पर टोकरा रखकर बाज़ार जाते देखा तो एक दिन, दो दिन, तीन दिन बीत जाने के बाद आखिर एक दिन उसे टोकरे के साथ सामान बेचने बाज़ार जाने से रोक दिया। सास चेहरे पर उदासी लिए दो-चार दिन रुकी रही, पर आखिर एक दिन वह फिर 'माइती बाज़ार' की ओर चल ही दी। यह घटना धीरे-धीरे सास-बहू के बीच टकराव का कारण बन गयी। अन्ततः एक दिन इस उत्तर भारतीय महिला के मणिपुरी पति ने उसे समझाया, "इसके पीछे कोई आर्थिक मज़बूरी नहीं, बाज़ार हमारी समाज-व्यवस्था का, हमारी संस्कृति का सदियों पुरान अंग है। माँ को वहाँ जाने दो, उसे रोको नहीं।"

इम्फाल के काँचीपुर में स्थित मणिपुर विश्वविद्यालय के हिन्दी विभाग में आयोजित एक साहित्यिक सम्मेलन में मिली उस उत्तर भारतीय महिला ने हँसते हुए

हम लोगों से कहा था, “अगर आप लोग चाहें तो माइती बाज़ार में मेरी सास से आज शाम की सब्जी खरीद सकते हैं।”

हम आगे बढ़ जाते हैं। अब आ गया है माँसमाई गाँव।

कुछ आगे बढ़कर संगमा ने जीप रुकवा दी है। हम सभी नीचे उतर गये हैं। सामने दिखाई पड़ रहा है नोहशंगथियांग प्रपात जो माँसमाई प्रपात के नाम से लोकप्रिय है। पास ही एक पर्यटक बस खड़ी है। उससे उतरकर कुछ दक्षिण भारतीय इस अद्‌भुत प्रपात को निहार रहे हैं। ऊँचे पहाड़ से सैकड़ों फुट नीचे पानी लगातार, बरोकटोक गिर रहा है। लगातार लगातार गिरता चला जा रहा है—जाने कब से, कितनी सदियों से, इस प्रपात से पानी निरन्तर झरता रहता है और कलकल करता हुआ बंगला देश की ओर चला जाता है।

“वाह! देखिए, सामने रहा बंगला देश।” संगमा के साथियों में से एक कहता है।

हालाँकि सामने हलका कोहरा है, लेकिन पानी में डूबा हुआ-सा बंगला देश का कुछ मैदानी भाग नज़र आ जाता है।

अभी-अभी, जब जीप से उतरे थे, हलकी धूप थी और अभी क्षण-भर बाद ही, बादल घिरे और हलकी-हलकी वर्षा होने लगी। मैं संगमा के आगे अपना पुराना सवाल दोहराता हूँ, “क्या साल-भर यहाँ वर्षा होती रहती है?”

संगमा हँसते हुए कहते हैं, “पन्त साहब, यह चेरापूँजी है।”

हाँ, ख़याल आया, यह चेरापूँजी है—समुद्र की सतह से कोई तेरह सौ मीटर ऊपर, जो विश्व में अत्यधिक वर्षा वाले स्थान के लिए प्रसिद्ध है।

बहुत पहले पढ़ी एक कविता याद आ जाती है—

“चेरापूँजी से आया हूँ,
फिर भी प्यासा...”

हम लोग कभी कलकल-छलछल करते प्रपात को निहार रहे हैं, कभी पानी से घिरे बंगला देश के भूभाग को।

आसपास चाय-पानी की दो-चार छोटी-छोटी दूकानें हैं। हलकी-हलकी ठण्ड लगने लगी है। हम लोगों ने स्वेटर पहन लिए हैं और एक दूकान से लेकर चाय पीने लगे हैं।

वर्षा फिर बन्द हो गयी है।

धूप फिर खिल आयी है।

इसी तरह वर्षा, धूप, कोहरे की लुका-छिपी का खेल चलता रहता है यहाँ—जी हाँ, इस चेरापूँजी में खासी पर्वत-शृंखलाओं के इस शान्त एकान्त सौन्दर्य स्थल में।

मन करता है, प्रपात को बस निहारते रहो। केवल निहारते ही न रहो, बल्कि उसके जल-कणों को नज़दीक से छू लो। लेकिन नज़दीक जाने का कोई रास्ता नहीं है। और यह अच्छा ही है कि मेघालय सरकार ने इस प्रपात तक जाने का कोई रज्जुमार्ग नहीं बनाया। बनाया होता तो पर्यटन-स्थलों को कमाई के अड्डे में बदल देने वाले तथाकथित 'टूरिस्ट प्रमोटर' इस अछूते प्राकृतिक सौन्दर्य-स्थल को नष्ट करने में कोई कसर न रख छोड़ते।

हम लोग अब जीप में बैठकर लौट रहे हैं।

याद आता है, बहुत पहले बेलगाँव में एक कर्नाटक निवासी से भेंट हुई थी। मैं कानपुर के क्रान्तिकारी श्री सुरेन्द्र पाँड़े के साथ था। कर्नाटक के यह सज्जन उत्तर भारत घूमकर आये थे और पाँड़े जी को अपने संस्मरण सुना रहे थे। पाँड़े जी ने सहसा उनसे पूछ लिया था, "उत्तर के लोग तुम्हें कैसे लगे?"

"भारत में जहाँ जाओ, लोग सब जगह एक-से ही हैं।" उन्होंने कहा था, "हाँ, बोली, पहनावे, नाक-नक्श में थोड़ा अन्तर है।"

वह स्वाभाविक ही है। भौगोलिक स्थितियाँ ही ऐसा अन्तर कर देती हैं। यहाँ इन खासी पर्वतमालाओं के लोग शेष भारतीयों जैसे ही हैं। हाँ, उनके नाक-नक्श, उनके पहनावे, उनकी बोली में जरूर अन्तर है। उनके पर्व-त्योहार भी अलग हैं। उनके रंगारंग नृत्यों का अपना सौन्दर्य है। पिछली रात एक समारोह में खासियों का नोंगक्रेम नृत्य देखा था। उनका प्रमुख नृत्य है यह, जो पाँच दिन धार्मिक उत्सव के अवसर पर किया जाता है। समूह-नृत्य में कई-जोड़े स्त्री-पुरुष पाँव थिरक उठते हैं। नृत्य और उत्सव के ज़रिए शान्ति और सम्पन्नता की कामना की जाती है और अच्छी फसल के लिए ईश्वर को धन्यवाद दिया जाता है। अपने ढंग का अलग नृत्य है यह—अपने अंचल की विविधता को समेटे हुए, लेकिन इसके पीछे उत्तर और दक्षिण भारत के उन नृत्यों जैसी ही भावना निहित है, जो फसल-कटाई की खुशी में गाँव-गाँव में आयोजित किये जाते हैं।

इसी तरह फसल की बुआई या उसके बाद विभिन्न अंचलों में उत्सव मनाये जाते हैं। जायंतिया पहाड़ियों में भी ऐसा ही उत्सव आयोजित किया जाता है, हर वर्ष, जिसका नाम है बेहडेनैखलाम। नाम में भले ही भिन्नता है, किन्तु ऐसे उत्सव देश में हर कहीं मनाये जाते हैं। रात के समारोह में बांगला नृत्य भी देखा था—फसल कटाई के हर्षोल्लास का नृत्य। बड़ी-बड़ी लम्बी ढोलकों के आकार वाले वाद्यों को साथ लिए अनेक पुरुष मंच पर आ गये थे। उनके साथ थीं स्त्रियाँ। और फिर अपनी लय में डूबे वे जाने कितनी देर तक नाचते-गाते रहे थे। संगीत की लयबद्ध धारा बह चली थी। संस्कृति की यह परम्परागत अजस्र धारा जाने कितनी शताब्दियों से

बहती चली आ रही है—यहाँ, इन पर्वतमालाओं में ही नहीं, देश के हर कोने में, जिसका नाम कहीं पोंगल या बीहू या कहीं कुछ और।

अब हम लोग शिलंग की तरफ लौट रहे हैं। आते समय सड़क के उस पार जो पहाड़ कोहरे में छिपे हुए थे, वे अब साफ दिखाई दे रहे हैं। कोहरा छँट गया है। पहाड़ों से बहते हुए एक के बगल एक दर्जन-भर झरने नज़र आ रहे हैं। झरनों से गिरते पानी का संगीत चारों ओर गूँज रहा है। इस संगीत और दिल्ली, मुम्बई की सड़कों के शोर में अन्तर है। संगीत और शोर में तो अन्तर होता ही है। पर यदि सैकड़ों फुट ऊपर से गिरते पानी की आवाज़ को शोर भी कहा जाए, तो इस शोर और दिल्ली, मुम्बई की सड़कों पर भागते वाहनों के शोर में अन्तर है। मन करता है, झरनों के इस शोर और संगीत में सदा-सदा के लिए खो जाओ, लेकिन चाहते हुए भी यह सम्भव नहीं है। अगले दिन दिल्ली लौटना है—एक महानगर, जो महानगर कम और महाकस्बा अधिक है, जिसे हम रोज़ जाने कितनी बार कोसते हैं लेकिन अपने ही फैलाए जाल में फँसकर जहाँ रहने के लिए हम अभिशप्त हैं। अकेला मैं ही नहीं, तमाम लोग, जो देश के कोने-कोने से आकर दिल्ली की भीड़ में खो गये हैं, अपनी पहचान गँवा बैठे हैं। उनके पास कहने को बस केवल अपना 'नाम' ही है। धरती और आकाश से, प्रकृति और उसके आश्चर्यों से उनका सम्पर्क मानो भंग हो गया है।

हम लोग फिर वहीं ऊँची-नीची, सर्पाकार सड़कों पर हैं। दोनों तरफ कभी पहाड़ आते हैं तो कभी सपाट, हरी-भरी ज़मीन—खासी पहाड़ के लोगों की ज़मीन, जिसपर उन्होंने खेती की हुई है।

सच्चिदानन्द हीरानन्द वात्स्यायन 'अज्ञेय'

बहता पानी निर्मला

सच्चिदानन्द हीरानन्द वात्स्यायन 'अज्ञेय'

मुझे बचपन से नक्शे देखने का शौक है। आप समझेंगे कि कुछ भूगोल विज्ञान की तरफ प्रवृत्ति होगी—नहीं, सो बात नहीं; असल बात यह है कि नक्शों के सहारे दूर-दुनिया की सैर का मजा लिया जा सकता है। यों तो वास्तविक जीवन में भी काफी घूमा-भटका हूँ, पर उससे कभी तृप्ति नहीं हुई, हमेशा मन में यही रहा कि कहीं और चलें कोई और नयी जगह देखें, और इस लालसा ने अभी भी पीछा नहीं छोड़ा है। नक्शों से यह फायदा होता है कि मन के घोड़े पर सवार होकर कहीं चले जाइये, कोई रोक नहीं, अड़चन नहीं, और जब चाहे लौट आइये, या न भी लौटिये—कोई पूछने वाला नहीं कि हजरत कहाँ रह रहे।

यों तो नक्शों में तरह-तरह के रंगों से कुछ मदद मिलती है यह तै करने में कि कहाँ जावें—जिसे हरी-भरी जगह देखनी हो वह नक्शों की हरी-भरी जगहों में घूमे, जिसे पहाड़ी प्रदेश देखने हों वह भूरे या पीले प्रदेशों में चला जाये, और जिसे एकदम अछूते, अपरिचित प्रदेश में जाने का जोखिम पसन्द हो वह बिल्कुल सफेद हिस्सों की ओर चल निकले अनादिकालीन बर्फीले मरु-प्रदेशों में, जगलों में, समुद्र में, समुद्र-द्वीपों में नक्शों में कहीं लिखा रहता है कि 'इस प्रदेश की सर्वे नहीं हुई'—हिमालय के अनेक भाग ऐसे हैं—या कि 'अगम्य जंगल!'—असमिया सीमा-प्रदेश में ऐसे स्थल हैं; जरा कल्पना कीजिए ऐसी जगहों में जा निकलने का आनन्द!

लेकिन इससे अधिक सहायता मिलती है जगहों के नामों से। बचपन में एक नाम पढ़ा था 'अमरकंटक': यह नाम ही इतना पसन्द आया कि मैंने चुपके से एक कम्बल और दो चार कपड़ों का बंडल बना लिया कि अभी चल दूँगा वहाँ के लिए। वह जाना नहीं हुआ, अभी तक भी अमरकंटक नहीं देखा है और इस प्रकार उसका काँटा अभी तक सालता ही है, पर नक्शे की यात्रा तो कई बार की है, और अमरकंटक के बारे में उतना सब जानता हूँ जो वहाँ जाकर जान पाता। ऐसा ही एक और नाम था तरंगम्बाडी—यों नक्शों में उसका रूप विकृत होकर त्रांकुबार हो गया है। 'तरंगों वाली बस्ती'—सागर के किनारे के गाँव का यह नाम सुनकर क्या आपके मन में तरंग

नहीं उठती कि जाकर देखें? कई नाम ऐसे भी होते हैं जिनका अर्थ समझ में नहीं आता, पर ध्वनि ही मोह लेती है। जैसे 'तिरुकुरंगुडि'—नाम सुनकर लगता है, मानो हिरनों का समूह चौकड़ी भरता जा रहा हो। कुछ नाम ऐसे भी होते हैं कि अर्थ जानने पर ही उनका जादू चलता है जैसे, 'लू-हित,' ऊपरी ब्रह्मपुत्र के इस नाम को संस्कृत करके लोहित्य बना लिया गया है, जिससे अनुमान होता है कि वह लाल या ताम्र वर्ण की होगी, पर वास्तव में लू-हित का अर्थ है 'तारों की राजकन्या' ऐसा ही कुछ। ब्रह्मपुत्र का सौन्दर्य जिन्होंने नहीं देखा उनकी तो बात ही क्या, जिन्होंने देखा भी है वे भी क्या इस नाम को जानकर 'तारों की राजकन्या' के तरुण लावण्यमय रूप को देखने को ललक न उठेंगे?

"होनहार बिरवान के होत चीकते पात": मैं कुछ होनहार बिरवा तो नहीं था, पर नक्शों के बगदादी कालीन पर बैठकर हवाई यात्रा करने की इस आदत से यह तो पता लगा ही सकता था कि आगे चलकर भी कहीं टिककर नहीं बैठूँगा? बात भी ऐसी है, लगातार कुछ दिन भी एक जगह रहता हूँ तो कुछ अपनी इच्छा से नहीं, लाचारी से; और उस लाचारी में बहुत से नक्शे जुटाकर फिर अपने लिए कोई हीला निकाल ही लेता हूँ। और आप सच मानिए, जीने की कला सबसे पहले एक स्थान से दूसरे स्थान पर जाने की कला है—कम-से-कम आधुनिक काल में; जब मानव-जाति का इतना बड़ा अंश या तो प्रवासी है, या शरणार्थी ही : एक स्थान से दूसरे स्थान, एक पेशे से दूसरे में; एक घर से दूसरे घर, इत्यादि।

यात्रा करने के कई तरीके हैं। एक तो यह कि आप सोच-विचारकर निश्चय कर लें कि कहाँ जाना है, कब जाना है, कहाँ-कहाँ घूमना है, कितना खर्च होगाः फिर उसी के अनुसार छुट्टी लीजिए, टिकट कटवाइये, सीट या बर्थ बुक कीजिए, होटल डाक-बँगले को सूचना देकर रिजर्व कराइये या भावी अतिथियों को खबर दीजिए—और तब चल पड़िये। बल्कि तरीका तो यही एक है—क्योंकि यह व्यवस्थित तरीका है। और इसमें मजा बिल्कुल नहीं है यह भी नहीं कहा जा सकता, क्योंकि बहुत से लोग ऐसे यात्रा करते हैं और बड़े उत्साह से भरे वापस आते हैं।

दूसरा तरीका यह है कि आप इरादा तो कीजिए कहीं जाने का, छुट्टी भी लीजिए, इरादा और पूरी योजना भी चाहे घोषित कर दीजिए, पर ऐन मौके पर चल दीजिए कहीं और को। जैसे घोषित कर दीजिए कि आप बड़े दिनों की छुट्टियों में बम्बई जा रहे हैं, लोगों को ईर्ष्या से कहने दीजिए कि अमुक बम्बई का सीजन देखने जा रहा है, मगर चुपके से पैक कर लीजिए जबरदस्त गर्म कपड़े और जा निकलिए बर्फ से ढँके श्रीनगर में।

लेकिन अपनी भी कुछ बात कहूँ। मैं दूसरे तरीके का कायल हूँ यह तो आप

समझ ही गये होंगे लेकिन जब निकलता ही हूँ तब एक तीसरा तरीका ही अख्तियार करता हूँ। जैसे कहा तो सबसे यह कि बम्बई जा रहे हैं, मगर जब स्टेशन गये तो यह तै करके कि नैनीताल जा रहे हैं और वहाँ से हिमालय के भीतरी प्रदेशों में और इस तरह जा निकले—शिलङ।

शिवसागर से आगे सोनारी के पास डि-खू नदी की बाढ़ में कैसे फँस गया था, इसका यही रहस्य है।

अंग्रेजी में कहावत है कि 'एक कील की वजह से राज्य खो जाता है'—वह यों कि कील की वजह से नाल, नाल की वजह से घोड़ा, घोड़े के कारण लड़ाई, और लड़ाई के कारण राज्य से हाथ धोना पड़ता है। हमारे पास छिनने को राज्य तो था नहीं, पर एक दाँत माँजने के ब्रुश और मीटर की एक मामूली-सी ढिबरी के लिए हम कैसी मुसीबत में पड़े यह हमी जानते हैं।

सोनारी एक छोटा-सा गाँव है—अहोम राजाओं की पुरानी राजधानी शिवसागर से कोई अठारह मील दूर। वहाँ भी नाम के आकर्षण से चला गया था। यों असम में 'सोना' या 'स्वर्ण' बहुत से नामों में है—सुबनश्री, सोन-भराली, वगैरह—और असम भी 'सोनार असम' सोने का असम कहलाता है। बरसात के दिन थे, रास्ता खराब, एक दिन सवेरे घूमने निकला तो देखा कि नदी बढ़कर सड़क के बराबर आ गयी है। मैं शिवसागर से तीन-चार मील पर था, सोचा कि एक नया दाँत-ब्रुश ले लूँ क्योंकि पुराना घिस चला था; और मोटर की भी एक ढिबरी ठीक करवाकर ही लौटूँ—उसकी चूड़ी घिस जाने से थोड़ा-थोड़ा तेल चूता रहता था, वैसे कोई बहुत जरूरी काम नहीं था। खैर, इसमें कोई दो घण्टे लग गये, खाना खाने में एक घण्टा और : तीन घण्टे बाद वापस लौटने लगे तो देखा, सड़क पर पानी फैल गया है। 'पानी गहरा नहीं होगा' यह सोचकर मैं मोटर बढ़ाता चला गया। आगे देखा, सब ओर पानी ही पानी है, सड़क का कहीं पता नहीं लगता, सिर्फ पेड़ों की कतार से अन्दाज लग सकता था। पर पानी बड़े जोर से एक तरफ से दूसरी तरफ बह रहा था, क्योंकि सड़क के एक तरफ नदी थी, दूसरी तरफ नीची सतह के धान के खेत, जिनकी ओर पानी बढ़ रहा था। पानी के धक्के से सड़क कई जगह टूट गयी थी। मैं फिर भी बढ़ता गया, क्योंकि आखिर पीछे भी तो पानी ही था। पर थोड़ी देर बाद पानी कुछ और गहरा हो गया और उसके धक्के से मोटर भी सड़क पर से हटकर किनारे की ओर जाने लगी। आगे कहीं कुछ दीखता नहीं था क्योंकि सड़क की सतह शायद दो-तीन मील आगे तक बहुत नीची ही थी। सड़क के दोनों ओर जो पेड़ थे उनमें कइयों पर साँप लटक रहे थे क्योंकि बाढ़ से बचने के लिए वे पहले सड़क पर आते थे और फिर पेड़ों पर चढ़ जाते थे।

मैंने लौटने का ही निश्चय किया। पर सड़क दीखती तो थी नहीं, अन्दाज से ही मैं बीच के पक्के हिस्से पर गाड़ी चला रहा था। मोड़ने के लिए उसे पटरी से उतारना पड़ेगा—और इधर-उधर सड़क है भी कि नहीं, इसका क्या भरोसा! मैं और एक जगह देख भी चुका था कि आँखों के सामने ही कैसे समूचा ट्रक दलदल में धँसकर गायब हो जाता है। इसलिए मोटर को बिना घुमाये उलटे गियर में ही कोई ढाई मील तक लाया, यहाँ सड़क कुछ ऊँची थी, उस पर गाड़ी घुमाकर शिवसागर पहुँचा।

“एम्परर पैंग्विन की मादा अंटार्कटिका के मध्यभाग में समुद्र तट से कोई पचास से अस्सी मील अन्दर जाकर एक अंडा देती है और वापस समुद्र–तट पर लौट आती है। इस अंडे को सेने का दायित्व नर पैंग्विन निभाता है। बेचारा पंजों और पेट के गुदगुदे गरम गद्दे के बीच अंडे को छुपाये एक ही आसन में बैठा रहता है, पूरे चार महीने तक बिना कुछ खाए पिए। तब वहाँ मादा पैंग्विन पहुँचती है और एम्परर महोदय को उनकी ड्यूटी से मुक्त करती है।”

अंटार्कटिका पर तिरंगा

रमेशदत्त शर्मा

क्या आपने ऐसी कुल्फी देखी है, जिसकी मोटाई 3 करोड़ घन किलोमीटर हो? क्या आपने ऐसे पक्षी देखे हैं, जो उड़ते नहीं, बल्कि हमारी आपकी तरह चलते हैं? क्या आपने ऐसी जगह देखी है, जहाँ छह महीने तक लगातार दिन रहता हो। वह आश्चर्यजनक दृश्य देखा था उन भारतीय वैज्ञानिकों ने जिन्होंने अंटार्कटिका की भूमि पर अपने चरण रखे थे। अंटार्कटिका का मध्य भाग दक्षिण ध्रुव कहलाता है।

इसी दक्षिण ध्रुव पर सबसे पहले पहुँचने की कोशिश करने वालों में बिटेन के रॉबर्ट 31 दिसम्बर सन् 1902 ई. को दक्षिण ध्रुव से चार सौ तिरासी किलोमीटर की दूरी से ही वापस लौट आये थे। ब्रिटेन के ही शेकलटन उनके बाद गये और दक्षिण ध्रुव से एक सौ छप्पन किलोमीटर दूर से लौट आये। दूसरी कोशिश में शेकलटन मारे गये।

दक्षिण ध्रुव सबसे पहले पहुँचा नार्वे का रोनाल्ड एमंडसन, जो 14 दिसम्बर सन् 1910 ई. को अपने देश का झंडा फहरा आया था। एमंडसन को बचपन से ही जोखिम उठाने का शौक था। उसकी इच्छा पूरी हुई जब वह 'फ्राम' नामक जहाज लेकर 'होलों की खाड़ी' में पहुँचा। एमंडसन के दल में नौ सदस्य थे और एक सौ अठारह कुत्ते थे। वह ठोस बर्फ पर स्लेज गाड़ियाँ खींचते थे। मर जाते तो उनका गोश्त उस बर्फीले वीरान में भोजन के काम आता था।

उधर स्कॉट ने भी दुबारा दक्षिण ध्रुव पहुँचने की कोशिश की। उसके दलदल में तैंतीस लोग थे। उसने तैंतीस कुत्तों के साथ ही सत्रह टट्टू भी शामिल किये थे।

भारी भरकम सामान के साथ स्कॉट का दल बढ़ता गया। दूर-दूर तक फैली सफेद बर्फ। रास्ते की पहचान बताने वाला कोई निशान नहीं, दिशा बताने वाले कुतबनुमा के सहारे बढ़ते हुए वे कई बार भटक भी जाते। उन्हें कभी बर्फीले तूफानों का सामना करना पड़ता, तो कभी बर्फीली चट्टानें उनका रास्ता रोक लेतीं। फिर भी वे बढ़ते रहे। लगभग दो हजार चार सौ पैंसठ किलोमीटर का सफर उन्होंने पैदल तय किया। इसके बाद स्कॉट और उसके तीन साथी जब अठारह जनवरी को दक्षिण ध्रुव पर पहुँचे तो वहाँ नार्वे का झंडा पहले ही फहरा रहा था।

इसके बाद सन् 1928 ई. से सन् 1941 ई. के बीच अमरीकी गवेषक रिचर्ड बायर्ड

ने तीन बार अंटार्कटिका की यात्रा की। इस समय अंटार्कटिका में 'मेकमुर्डो' नाम से स्थायी अमरीकी केन्द्र है। इस केन्द्र में एक साथ आठ सौ आदमी रह सकते हैं। इसके साथ ही ब्रिटेन, फ्रांस, आस्ट्रेलिया, नार्वे, अर्जेंटीना, न्यूजीलैंड, रूस तथा जर्मनी आदि के केन्द्र हैं। इन सबको मिलाकर पन्द्रह देशों का 'अंटार्कटिका क्लब' बना। इसमें सोलहवाँ सदस्य भारत बना। भारत ने वहाँ 'दक्षिण गंगोत्री' नाम से अपना केन्द्र बना लिया है, जहाँ बारह से पन्द्रह तक वैज्ञानिक स्थायी रूप से रह सकते हैं।

यों तो अनेक साहसी भारतीय अंटार्कटिका पर ही नहीं, इसके बीचोबीच के दुर्गम दक्षिण ध्रुव पर भी अपनी छाप छोड़कर आये हैं। गोल-गोल घूमती पृथ्वी की कीली दक्षिण ध्रुव के ही मध्यबिन्दु को माना जाता है, जिसे भारतीय वैज्ञानिक डॉ. गिरराज सिंह सिरोही के नाम पर 'सिरोही प्वाइंट' कहा जाता है। वे सन् 1961 ई. में वहाँ अकेले रहे थे। सन् 1960 ई. में भारतीय नौसेना के स्वर्गीय रामचरण, सन् 1963 ई. में पत्रकार एच. आर. बोरा, सन् 1971 ई. में भारतीय अन्तरिक्ष अनुसन्धान संगठन के डॉ. परमजीत सिंह सेहरा और सन् 1977 ई. में एयर इंडिया की साहसी युवती मेहर मूस भी अंटार्कटिका जा चुके हैं। भारतीय वैज्ञानिक डॉ. शंकर चटर्जी अमरीकी अंटार्कटिका अभियानों में गये। भारतीय अभियान बाकायदा सन् 1981 ई. से शुरू हुए। अब तक भारत अनेक अभियान आयोजित कर चुका है।

पहले अभियान के नेता थे डॉ. सैयद ज़हूर कासिम, दूसरे के श्री विजय रैना, तीसरे के डॉ. गुप्ता और चौथे के डॉ बी.बी. भट्टाचार्य।

प्राणि-विज्ञान, विशेषरूप से समुद्री मछलियों के विशेषज्ञ डॉ. सैयद ज़हूर कासिम 'पोलर सर्किल' नामक जहाज में 6 दिसम्बर, सन् 1981 ई. को शाम पौने आठ बजे गोवा से चले थे। समुद्री जहाज 'पोलर सर्किल' में दल के इक्कीस सदस्य रवाना हुए तो सबके मन में बड़ा उत्साह था। उन्होंने लम्बा रास्ता चुना। इसमें आस्ट्रेलिया के किनारे होकर सत्रह हजार सात सौ किलोमीटर का फासला तय करना था।

जहाज़ पर गोवा से लगभग सात ट्रक सामान गया था। तरह-तरह के वैज्ञानिक गुब्बारे उड़ाकर ऊपर वायुमंडल का तापमान, दबाव, हवा का रुख नापते। दूसरी ओर समुद्र-विज्ञान वाले समुद्र की हर गहराई से पानी के नमूने लेते। सतह पर का तापमान, दबाव और भीतर पानी का तापमान इस तरह नापजोख और खोजबीन का काम करते हुए भारतीय अभियान दल चालीस डिग्री अक्षांश से आगे के समुद्र में पहुँचा, जहाँ से पचास डिग्री तक का समुद्री हिस्सा 'दहाड़ते समुद्र' के नाम से मशहूर है। यहाँ जहाज ऐसे हिचकोले लेता था, जैसे अब डूबा, तब डूबा। लहरें जहाज को आठ से दस मीटर तक ऊँचा उठाकर झटके दे रही थीं।

उसके बाद दिखाई दिए 'आइस-बर्ग'—समुद्र में तैरते हिमशैल। इनसे टकराने का

मतलब था, जहाज का चकनाचूर हो जाना। इनका आकार सौ वर्ग किलोमीटर से लेकर तीन सौ वर्ग किलोमीटर था। इनसे भी बचते-बचाते जहाज और आगे चला। 'पोलर सर्किल' आइसब्रकर यानी बर्फ तोड़क जहाज था। इसका इंजन बहुत ताकतवर होता है। यहाँ बर्फ ज्यादा मोटी थी। तीन बार जगह बदल-बदल कर जहाज़ बर्फ तोड़ता हुआ रास्ता बनाने की कोशिश करता रहा और चौथी बार में बर्फ तोड़ पाया।

इस तरह नौ जनवरी सन् 1982 ई. को रात के साढ़े बारह बजे यह अभियान दल अंटार्कटिका के हिमतल पर उतरा। यहाँ तापमान शून्य से नीचे 5 से लेकर 10 डिग्री तक था। पर यहाँ के हिसाब से मौसम अच्छा ही था। यह दल पूरे दस दिन यहाँ रहा। दल ने करीब एक टन चट्टानों के नमूने इकट्ठे किये। इन्होंने साल भर हवा का रुख, दबाव, चाल, गर्मी, नमी, वगैरह नापने वाला उपकरण वहाँ रखा। लौटते समय इन्हें एक नये समुद्री पर्वत का पता चला, जिसका नाम 'इंदिरा पर्वत' रखा गया। गोवा से यह करीब छह हजार किलोमीटर दूर समुद्र के भीतर है।

दूसरा भारतीय अभियान दल सन् 1982 ई. में 28 दिसम्बर को भारतीय समय के अनुसार दोपहर के दो बजे अंटार्कटिका पहुँचा। इसके नेता भू-वैज्ञानिक श्री विजयकुमार रैना थे। इसमें अट्ठाईस सदस्य थे। जहाज वही 'पोलर सर्किल' ही था।

अंटार्कटिका पर उतरकर मौसम की पड़ताल और चट्टानों के नमूने लेना, सूक्ष्म जीव और वनस्पति के नमूने लेना आदि काम शुरू हो गये। स्वयं श्री रैना दक्षिण गंगोत्री की पहाड़ी पर गये। वहाँ देखा कि पहले दल ने जो उपकरण छोड़ा था, वह साल भर तक ठीक काम करता रहा।

पहला अभियान दल यहाँ एक कुटिया बना आया था। उसकी छत उड़ गयी थी। श्री रैना के दल ने उस कुटिया को सब धर्मों के पूजा-स्थल में बदल कर 'सर्वधर्म समभाव' का प्रतीक बना दिया।

इसी दल ने 26 जनवरी सन् 1983 ई. का गणतंत्र दिवस अंटार्कटिका पर मनाया था और तीसरे अभियान दल ने सन् 1984 का। अब तो वहाँ हमेशा तिरंगा झंडा लहराता रहता है। तीसरी बार बयासी सदस्य गये थे, इनमें दो महिलाएँ भी थीं। तीसरे अभियान दल के नेता थे डॉ. हर्ष कुमार गुप्ता।

उस शाम को पाँच लोग मरते-मरते बचे। जहाज से सामान ले जाते समय जब भारी भरकम पेटी लटकाकर वायुसेना का हेलीकॉप्टर उड़ान भरकर मुश्किल से एक सौ मीटर दूर ही गया होगा कि परकटे पंछी की तरह छपाक से समुद्र में जा गिरा। यहाँ समुद्र का पानी इतना ठण्डा होता है कि तीन मिनट में ही पूरी देह जमकर ठण्डी हो जाये। पर ये पाँचों लोग बचा लिये गये। हेलीकॉप्टर गिरते ही उलट गया था। नीचे लटका सामान हिल तो नहीं रहा, यह देखने के लिए पारदर्शी खिड़की बनाई गयी थी।

उसी को तोड़कर सब सही-सलामत निकल आये और नौका तथा दूसरे हेलीकॉप्टर से वापस जहाज़ पर आ गये। डॉ. हर्ष गुप्ता ने बताया कि उस दुर्घटना के बाद तो सबने कमर कस ली कि चाहे कितनी ही बाधाएँ आएँ, जो काम करने निकले हैं, पूरा करके ही जाएँगे। इस तरह हमारे जवानों ने बर्फ पर पसीना बहाते हुए स्थायी केन्द्र की इमारत बनाई। इमारत में पन्द्रह आदमियों को साल भर रहने लायक मज़बूत कोठरियाँ हैं। मनोरंजन के लिए वीडियो-फिल्म देखने का अलग कमरा, खेल-कूद का अलग कमरा। यह इमारत विशेष रूप से उपचारित लकड़ी की बनाई गयी है। बर्फ पर खड़ा 'शिकारा' या 'बोटहाउस' ही समझिए, जिसे बर्फ इतनी कड़ाई से जकड़ लेती है कि बड़े से बड़ा हिमानी अन्धड़ भी इसका बाल-बाँका नहीं कर सकता।

इस तीसरे अभियान दल के खाने-पाने के लिए चौदह हजार बनी-बनाई रोटियाँ बाँध दी गयी थीं, जिन्हें गरम करके खाओ तो एकदम ताज़ी का ही स्वाद दें। ढाई-ढाई सौ ग्राम के पाँच सौ डिब्बे आलू-छोले, पुलाव, दाल और कढ़ी भी। सब डिब्बा बन्द। ढाई-ढाई सौ ग्राम हलवे के एक हज़ार डिब्बे, बारह सौ डिब्बे उपमा के, फ्रूट बार के दो हजार चार सौ पैकेट। सोलह हजार पाँच सौ किलो दाल-आटा, एक सौ किलो पापड़, मक्खन के पाँच सौ पैकेट, नूडल्स के एक सौ पन्द्रह और पाँच हजार चाकलेट दी गयी थीं। उपमा और हलवा तो वहाँ पाये जानेवाले स्कुआ और पैंग्विन को भी बहुत पसन्द आये।

अंटार्कटिका पर चालीस जाति के पक्षी गये हैं जो वहीं बसेरा करते हैं, वहीं अंडे देते हैं, पर इनमें सबसे ज्यादा हैं पैंग्विन। अपने दोनों पंजों पर बाकायदा चलते हुए दूर से ऐसे लगते हैं जैसे सफेद कमीज पर लम्बा काला कोट डाले वकील साहब चले आ रहे हों। वैसे भी सबसे लम्बे (एक मीटर) डील-डौल और चालीस किलो वजन वाला पैंग्विन 'एम्परर' कहलाता है। इससे छोटा होता है 'किंग पैंग्विन'। एम्परर मछली पकड़ने के लिए दो सौ पैंसठ मीटर की गहराई तक डुबकी मार सकता है। पर किंग ज्यादा से ज्यादा बीस मीटर तक ही। अन्य छोटे पैंग्विनों में एडेली, चिनस्टैप, मैकारोनी और गेंटू आते हैं। ये सब समुद्री झींगों जैसे क्रिल और मछलियों का आहार करते हैं।

एम्परर पैंग्विन की मादा अंटार्कटिका के मध्यभाग में समुद्र तट से कोई पचास से अस्सी मील अन्दर जाकर एक अंडा देती है और वापस समुद्र-तट पर लौट आती है। इस अंडे को सेने का दायित्व नर पैंग्विन निभाता है। बेचारा पंजों और पेट के गुदगुदे गरम गद्दे के बीच अंडे को छुपाये एक ही आसन में बैठा रहता है, पूरे चार महीने तक बिना कुछ खाए पिए। तब वहाँ मादा पैंग्विन पहुँचती है और एम्परर महोदय को उनकी ड्यूटी से मुक्त करती है।

तीसरे अभियान दल के नेता डॉ. हर्ष गुप्ता बताते हैं कि अंटार्कटिका में औसत

वर्षा सहारा के रेगिस्तान से भी कम होती है। इसके सबसे बीच वाले हिस्से दक्षिण ध्रुव पर तो एक इंच से भी कम वर्षा होती है। फिर भी यहाँ दुनिया का अट्ठानवे प्रतिशत मीठा पानी जमा है—बर्फ के रूप में। कहीं-कहीं मीठे पानी की झीलें हैं जैसी कि एक भारत के केन्द्र दक्षिण गंगोत्री में है। इस महाद्वीप के बीच के हिस्से से ठण्डी हवाएँ किनारे की ओर चलती हैं, ताकि वहाँ से ऊपर उठी कम तापमान वाली हवा की जगह ले सकें। कभी-कभी इन बर्फानी हवाओं की रफ्तार तीन सौ किलोमीटर तक पहुँच जाती है। इन तूफानों के न होने पर यहाँ बिल्कुल शान्ति होती है। अक्टूबर से फरवरी तक सूरज हर समय लगातार धूप फेंकता है। यह धूप उतनी ही होती है जितनी कि भूमध्यरेखा के आसपास के उष्ण कटिबंध को मिलती है। पर फिर भी अंटार्कटिका ठिठुरता रहता है, धूप सेंक नहीं पाता क्योंकि सफेद बर्फ सूरज की किरणों को वापस भेज देती है।

एक सौ चालीस लाख वर्ग किलोमीटर में फैले इस महाद्वीप में बर्फ की मोटाई कहीं डेढ़ किलोमीटर है, तो कहीं चार किलोमीटर। ये समझिए कि कोई तीन करोड़ घन किलोमीटर आयतन वाली सिल्ली इस महाद्वीप की छाती पर रखी है। यह सिल्ली कहीं पतली है तो कहीं मोटी। केवल दो प्रतिशत हिस्से में बर्फ नहीं है। यहाँ भी चट्टानें हैं। पेड़-पौधे बिल्कुल नहीं। शैवाल और कुछ किस्म की फफूँदियाँ ही यहाँ की वनस्पति हैं। रूस के बोस्तोक केन्द्र में 24 अगस्त, 1960 ई. को दुनिया का सबसे कम तापमान शून्य से अठासी डिग्री सैल्सियस नीचे दर्ज किया गया था। इस तरह अंटार्कटिका एक विशाल फ्रिज है। आदमी की भी कुल्फी न जम जाए, इसके लिए हवा बन्द लिबास पहनना पड़ता है।

अब जरा सोचो कि हमारे जवानों ने वहाँ अपना स्थायी केन्द्र कैसे बनाया होगा। बर्फ से सुन्न पड़े हाथों में हथौड़ा पकड़ना और कीलें ठोंकना, पेच कसना और लगातार अठारह घण्टे तक काम करना। दुनिया का कोई भी देश छह हफ्ते में स्थायी केन्द्र नहीं बना पाया। जिस दिन वह दुमंजिली इमारत खड़ी हुई, उसी दिन बड़े जोर का हिमानी तूफान आया। तूफान ऐसा था कि दूसरी मंजिल तक बर्फ हो गयी थी। लेकिन अन्दर ऐसी व्यवस्था की गयी कि सभी कमरे गरम रहते हैं। तभी तो निविड़, गहन अन्धकार में डूबे छह महीने की रातवाले दिन भी हमारे दर्जन भर वैज्ञानिक और तकनीकी दल ने यहाँ बड़े आराम से बिताये। उपग्रह के द्वारा दल के नेता डॉ. एस.एस. शर्मा बराबर अपना हाल भेजते रहते थे। चौथे अभियान दल के लोग जब यहाँ पहुँचे और एक और इमारत बनवाई तो एक नया दल वहाँ ठहर गया और पुराना वापस लौट आया।

इन खोज यात्राओं से प्राप्त वैज्ञानिक आँकड़े इतने अधिक हैं कि कई मोटी पोथियाँ बन गयी हैं। दक्षिण गंगोत्री के पैंतीस वर्ग किलोमीटर के चप्पे-चप्पे की पैमाइश करके

पूरा भू-वैज्ञानिक नक्शा बना लिया गया है। यहाँ ताँबा, जस्ता, लोहा, कोयला, गैस और पेट्रोल के अतिरिक्त यूरेनियम जैसी बेशकीमती धातु के भी भंडार हो सकते हैं। सात कुल, बाईस वंश और जातियों के पक्षी पहचानने के साथ ही लगभग एक हजार किस्म के सूक्ष्मजीव इकट्ठे करके उनका अध्ययन किया गया है। स्थायी मौसम और संचार केन्द्र भी बन गया है। लेकिन सबसे बड़ी उपलब्धि यह हुई है कि अंटार्कटिका के इस क्षेत्र से प्राप्त चट्टानों के अध्ययन से यह सिद्ध हो गया है कि यह महाद्वीप भारत का ही साढ़े छह करोड़ वर्ष पहले बिछुड़ा टुकड़ा है।

आज से कोई बीस करोड़ साल पहले सारे महाद्वीप आपस में जुड़े हुए थे। उस समय की धरती को वैज्ञानिकों ने नाम दिया 'पैंजिया'। इसका उत्तरी भाग था 'लोरेशिया' और दक्षिणी भाग 'गोंडवानालैंड'। इस गोंडवाना में भारत अंटार्कटिका और आस्ट्रेलिया आपस में जुड़े हुए थे और साथ ही अरब, अफ्रीका और दक्षिण अमरीका भी। नर्मदा के उत्तरी तट का गोंडवाना क्षेत्र और इस सम्पूर्ण क्षेत्र की चट्टानें बनावट में मिलती हैं। इसलिए इसे गोंडवानालैंड का नाम दिया गया। कोई साढ़े छह करोड़ साल पहले ये सभी महाद्वीप एक-दूसरे से दूर खिसकने लगे। भारत सबसे ज्यादा तेजी से प्रतिवर्ष पाँच सेंटीमीटर खिसका। अन्य महाद्वीप ढाई सेंटीमीटर प्रतिवर्ष की दर से खिसके। यह खिसकना अब भी जारी है। अंटार्कटिका से भारतीय दल जिन चट्टानों के नमूने लाया है, वे भारत की चट्टानों से मिलते हैं। इससे प्रमाणित होता है कि अंटार्कटिका भारत का ही खंड है। जर्मनी के भू-वैज्ञानिक डॉ. अल्फ्रेड बेगनर ने सन् 1912 ई. में यह सिद्धान्त रखा था कि महाद्वीप खिसके थे और अब भी खिसक रहे हैं। तबसे आज तक बराबर इसके प्रमाण मिले हैं। पाँच करोड़ साल बाद हो सकता है कि खिसकते-खिसकते सारे महाद्वीप फिर पास आ जाएँ।

अब भी कोई दूर थोड़े ही है। टेलीफोन पर दक्षिण गंगोत्री से दिल्ली तक बात करें तो इतनी साफ़ आवाज़ आती है, मानो आमने-सामने खड़े हों। विज्ञान ने सारी दूरियाँ मिटा दी हैं। देखना यही है कि वैज्ञानिक खोज के लिए किये गये अंटार्कटिका अभियान कहीं अन्त में परम शान्त, धवल हिम प्रदेश पर प्राकृतिक सम्पदा के शोषण की कालिख न फेर दें। वहाँ भारत की उपस्थिति ही यह आशा बँधाती है कि प्रदूषण की चपेट में आती जा रही इस धरती का एक कोना तो ऐसा बच रहेगा, जहाँ की जलवायु में ऐसी शुद्धता और वातावरण में ऐसी पवित्रता घुली हो कि बार-बार लगे कि कोई अलौकिक सत्ता है और अवश्य है।

इस तरह भारत अंटार्कटिका में अपना स्थायी अनुसन्धान केन्द्र दक्षिण गंगोत्री चला रहा है। उत्तरी हिमालय की गंगोत्री से गंगा निकली और दक्षिण गंगोत्री से विज्ञान-गंगा निकल रहा है।

गोविन्द मिश्र

रंगों की गन्ध में लिपटी पचमढ़ी

गोविन्द मिश्र

पर्वत...भूखण्ड विशेष पर स्थिर, अचल...पर कितने गतिशील, जीवन्त! नीचे उतरकर आओ तो भी जैसे वे साथ चले आते हैं, बहुत दिनों तक साथ-साथ चलते हैं। मैदान की दौड़ाभागी में भूल जाओ तो कुरेदना हलके से चुभती रहती है...उतनी ही महीन, जितना पर्वतों के आकार स्थूल। वे बुलाते हैं, ऊपर खींचते हैं और हम बार-बार उन तक जाते हैं। हिमालय पर चीड़ के पेड़, नम धरती से उठती आम के बौर जैसी मस्त सुगन्ध, झलक दिखाकर छिप-छिप जातीं हिम चोटियाँ। नीलगिरि का नीलावरण... वृक्ष और पत्थर भी हरे और नीले के बीच के रंग के। अरावलि अपने लहरियोंदार फैलाव की हर परत में इतिहास छिपाये हुए और विन्ध्याचल...जिस तरफ से पहुँचो, उधर ही अलग छटा, अलग मुद्रा!

इन सबके बीच बार-बार थोड़ा-सा सिर निकालता सतपुड़ा...कछुए की गर्दन की तरह फिर से अपने में ही सिकुड़ जाता था, बेआवाज। पर आवाज आती थी—'आओगे नहीं?' आसपास से जब भी गुजरता वह आवाज पीछे लग जाती। मैं उसे झिटकता हुआ भागता रहता, मुँह उठाये इधर-से-उधर, उधर-से-इधर। रेलगाड़ी इस बीच सतपुड़ा के बीच से कितनी बार निकल-निकल गयी।

आखिर पकड़ा गया। बहाना बना—एक हफ्ता कहीं बैठकर लिखने का, नये उपन्यास को खींचने का। लिखने में मेरे नखरे देखने लायक हैं। पहले तो जितना लिखना नहीं उतना हल्ला मचाना...भई लिखने जा रहे हैं, उपन्यास लिखने निकले हैं, अब लिख रहे हैं। जगह ऐसी चाहिए जहाँ पहले न गये हों, न बहुत बड़ी, न बहुत छोटी, शोर कतई नहीं, पर ऐसी शान्त भी नहीं कि जिन्दगी की धड़कनों का भी अहसास न होता हो। मिलने वाले न हों, पर यह भी नहीं कि दस-दस दिन तक कोई नहीं और बेचारे गोविन्द मिश्र बैठे रहें, होठों पर फरफरास, बतास साधे। पचमढ़ी का जिक्र सुनते थे, पंडित द्वारका प्रसाद मिश्र तो ऐसे दीवाने हुए थे कि राजनीति जैसी शोख और लुभावनी संगिनी का भी साथ छोड़ दिये इस नगरी की खातिर। भोपाल और होशंगाबाद के बीच बुदनी एक जगह है। यहाँ विंध्याचल की श्रेणियाँ खत्म होती हैं और सामने धुन्ध में धब्बों-सी उगी झलकती है, सतपुड़ा-श्रेणी। विंध्याचल की यह

श्रेणी वहाँ के लोगों में भीष्म बैठका के नाम से जानी जाती है—कोई पहाड़ जनश्रुति के आधार पर कभी भीम द्वारा इस्तेमाल किया गया होगा। वैसे यह सिलसिला भी खूब है—औरंगाबाद के पास की पहाड़ियाँ हों तो पाण्डव... यहाँ तक कि महाबलिपुरम् में भी भीमसेन की रसोई! यह न हुआ तो जगह बनवासी राम के साथ जुड़ गयी। बनवासी पाण्डव और बनवासी राम से जोड़ने में जो सहूलियत है, वह तो साफ है. ..पर अपरोक्ष रूप से यह इस बात का भी संकेत है कि किस हद तक ये दोनों कथाएँ, कथाओं के भी परे पाण्डवों और राम से जुड़े मूल्य हमारे जीवन और परिवेश में गहरे और आर-पार गुँथे हुए हैं। बुदनी में ही एक छोटी-मोटी नदी जैसा गड़रिया नाला है और थोड़ा आगे चलकर नर्मदा जो विंध्याचल से सटी-सटी ओंकारेश्वर की तरफ चली गयी है। मध्यप्रदेश में एक से एक खूबसूरत नदियाँ हैं, पर जो एक साथ खूबसूरत और डरावनी है वह नर्मदा है, खतरनाक प्रेमिका-सी। हर साल जाने कितनी बलि लेती है, कितने गाँव ढहाती है और आगे चलकर भड़ौंच (गुजरात) में तो बाकायदे जाल डालने का ठेका उठता है—बहती लकड़ियाँ और लाशें पकड़ना, लाशों से जेवर आदि उतार लेना। होशंगाबाद के पुल पर खड़ा मैं विंध्याचल से सटी-सटी बहती नर्मदा को देखता रहा। बरसात का गेरुआ पानी, भँवरें बनाते-काटते हुए बहता। जल जिससे जीवन धारण होता है वही काल का रूप भी। गड़रिया नाला की तरफ जहाँ विंध्याचल-श्रेणी खत्म होती है वहाँ पर्वत का आकार सिंह के मस्तक जैसा है...जैसे दो सिंह सटे-सटे बैठे सामने की ओर ताक रहे हों...सामने जिधर सतपुड़ा है।

आगे चलकर तवा नदी मिलती है। इतनी साधारण कि नाम ही नहीं सुना था...लेकिन पाट देखो तो नर्मदा से भी कितना बड़ा, वाहनों के निकलने के लिए जो पुल बनाते हैं, वह टिकता नहीं, बह-बह जाता है, रेत और पानी की अनवरत मार ऐसी। मध्यप्रदेश के इस भाग में छोटे-मोटे नदी-नालों के लिए पुल बनाते भी नहीं थे, 'रपट' होते थे—सड़क को थोड़ा नीचा कर दिया ताकि पानी बहकर निकल जाये, जिधर से बहता है उधर हलका-सा रोपने का जुगाड़ ताकि वेग एकदम सड़क पर मार न करे। थोड़ा-थोड़ा करके पानी सड़क से निकलता रहता और गाड़ियाँ भी धीरे-धीरे पार हो लेती हैं। रपट पर बहाव ज्यादा हुआ तो किनारे थोड़ा रुककर नदी-नाले के उतरने की प्रतीक्षा कर ली, और क्या...जीवन का कैसा मर्म छिपा है इस पुरानी इंजीनियरी में। लेकिन आज 'रपट' से काम नहीं चलता—रोज पहुँचना है या कुछ पहुँचाना है, वाहनों की संख्या ज्यादा हो गयी है...और समय तो बेचारे लोगों के पास है ही नहीं! तड़ातड़ पार होना है...इसलिए तेजी से रपटों पर पुल बनाये जा रहे हैं। आज के आदमी की नीयत कि पुल बनाते तो हैं पर ऐसे कि जल्दी बह जाये और फिर दूसरा बनने की बात उठे।...

पचमढ़ी पहुँचते-पहुँचते रात हो गयी थी। बिजली भी गायब थी...पठार पर अँधेरे में उतराते हम दो-तीन। कहाँ रहना है यह भी तय नहीं। यह काम एक-दो स्थानीय मित्रों को सौंपा था, तो पहले उन्हें ढूँढ़ें, अँधेरे में कैसे कहाँ ढूँढ़ें। पर छोटी जगहों का आराम यह कि यहाँ हर कोई हर कोई को जानता है (यह एक और तरीके से मुसीबतें भी पैदा करता है!) टटोलते-टटोलते एक पान की दुकान पकड़ ली और उसने अपने यहाँ से किसी को भेज दिया। तब तक ठण्डे मौसम में गरमागरम चाय... वहीं एक पुराने पंडित जैसे सज्जन दो नौजवानों पर कड़क-कड़क गालियाँ बरसा रहे थे—सनातन झगड़ा।...

सवेरे मन बेहद उखड़ा-उखड़ा था—भाग जाऊँ, लौट जाऊँ। जहाँ भी लिखने के उद्देश्य से जाओ, यही पहली प्रतिक्रिया होती है—या कि जब तक यह सुनिश्चित न हो जाये कि भूखण्ड में दीवारों के रूप में खिंची किन रेखाओं से बँध रहना है तब तक जैसे सब कुछ बहा-बहा-सा रहता है। शायद इसीलिए लोग घर बनाते हैं, यह जानते हुए भी कि सब कुछ यहाँ छोड़ जाना है। सवेरे-सवेरे अपने मित्रों को घसीटकर ले गया—यह जगह देखो, वह देखो। फिर वही नखरे...ये बासे-बासे-से रैस्ट हाउस हैं, ये पैसा कमाऊ होटल है और ये नन्दन वन हैं...ज्यादा ही खुश-खुश, सुहागराती कमरे। पचमढ़ी में अन्तिम श्रेणीवाले एक-से-एक ठहरने के स्थान हैं—पर मैं ही इन्हें अब नहीं झेल सकता। जब ऐसी जगहों पर ठहरने के दिन थे तो पैसा नहीं था, अब पैसा दे सकता हूँ तो वह वक्त जा चुका है...चलिए, इसी बात का मजा लें कि कोई और मजा ले रहा है। पर बड़े भाई तुम्हारे भीतर बैठा यह खपती—अब इस कमरे में खिड़की नहीं है, खिड़की से दूर तक दिखता नहीं है, यहाँ कमरे ज्यादा बड़े हैं! होलीडे होम के मैनेजर बेचारे बड़े ही धैर्यवान थे—मुझे एक के बाद एक छह कमरे दिखा डाले कि बेटा अब तो शर्म खाओगे। आखिर कमरा नम्बर बीस जमा। एक किनारे था, और खिड़की भी सामने लड़कों के खेल के मैदान और पार जटाशंकर की पहाड़ियों की तरफ खुलती थी। सामान रखकर मैनेजर को कमरे में थोड़ी-थोड़ी करके बहुत सारी हिदायतें देकर (एक चारपाई हटा दो, पर्दे लगा दो...वगैरह वगैरह) यमुना प्रपात देखने निकल पड़ा।...

छोटी खूबसूरत-सी नगरी है पचमढ़ी। ऊँचाई ज्यादा नहीं है, समुद्र की सतह से लगभग एक हजार मीटर मात्र। कैंटोनमेंट एरिया है इसलिए शायद इतनी व्यवस्थित। चारों तरफ पहाड़ियाँ...साफ-सुथरी पतली-पतली सड़कें, और बीचोबीच कहीं नहर, कहीं झील, कहीं नदी का अहसास देता एक झरना-सा। दो-तीन जगहों पर पानी के इधर-से-उधर निकास के लिए छोटी-छोटी पुलियाँ-सी बनी हैं...दोनों ओर छितरे हुए पुरइन के पत्ते, रंगबिरंगे कमल, नीलकमल भी। एक किनारे एक बड़ी-सी झील, उसी

तरफ एक बड़ा बाग और एक पुराना चर्च। बीच में छोटा-सा बाजार। स्वप्न-नगरी लगती है...तभी फौजियों का एक जत्था अभ्यास के बाद अनुशासित ढंग से दौड़ता हुआ बगल से गुजरता दीखता है; हाँ, अंग्रेजों के जमाने से यहाँ फौज का ट्रेनिंग स्कूल भी है। जिन नेताओं का छुट्टा घूमना फिलहाल समाज के लिए हानिकारक माना जाये तो उन्हें यहाँ कैद कर सेहत बनाने का मौका दिया जाता है। इमरजेंसी में कई हस्तियाँ यहाँ बाँधी गयी थीं...

रजतप्रपात जाने का प्रोग्राम बारिश के कारण रोज टलता आ रहा था। आखिर एक दिन थोड़ा खुला तो सवेरे-सवेरे निकल पड़े। आदिवासी विभाग में काम करने वाले दो मित्र साथ में। बस्ती के बाहर पाण्डव गुफा—एक पहाड़ी जिसमें ऊपर बड़े-बड़े आलेनुमा खुले-खुले कमरे पाँच होंगे। कहते हैं, पाण्डवों का कुछ समय का आवास था यह। पचमढ़ी का नाम भी इन पाँच गुफाओं से है। दरअसल गुफा शब्द गलत है, इनके लिए मढ़ी ही ठीक है। पर फिर वही—पाण्डव! ऊपर नहीं गया क्योंकि अभी नीचे तक जाना है और फिर ऊपर चढ़ना है। नीचे रास्ता, कहीं खच्चरों के जैसा थोड़ा चौड़ा-चौड़ा, कहीं पगडण्डी जैसा सँकरा और कहीं-कहीं चट्टानों में एकदम लुप्त हो जाता था। ये पहाड़ भी बीच से चटके हुए से और फाँक में ही हम नीचे और नीचे जा रहे थे। दिशा के अनुसार तो यही फाँक टेढ़ी-मेढ़ी होती हुई आगे वहीं निकलनी चाहिए जहाँ देनवा-दर्शन किये थे। पता नहीं, हम कितना नीचे उतरे, लेकिन पेड़ों की नमी महसूस करते हुए, सामने कटे हुए पहाड़ की हरियाली को बराबर सामने रखकर चलते हुए कुछ महसूस ही न हुआ। उस स्थान पर पहुँचे जहाँ से रजतप्रपात देखा जाता है—एक पतली सफेद धारा बहुत ऊपर से नीचे गिर रही थी, चाँदी की एक लकीर-सी, अद्भुत! बरसात ज्यादा हुई तो थोड़ी चौड़ी और मटमैली हो जाती है शायद...पर तब दूसरी छटा होगी। उसके बाद दूसरी तरफ से जाकर हमने इस झरने को ऊपर से पकड़ा। यहाँ एक कुंड-सा था। वहाँ जी भरकर नहाया—उतरने की सारी थकान जाती रही। झरनों-नदियों के पानी की एक यह खासियत होती है, बाहर से भीतर तक धो देता है, एक अवर्णनीय तृप्ति मन में आ विराजती है। ऋषि-मुनियों की मनःस्थिति में दैनंदिन इन स्नानों का योगदान भी कम नहीं होता होगा।...

एक और दिन खुला मिला तो सोचा कि बगल के जटाशंकर तो देख आऊँ। जटाशंकर शैवों का तीर्थस्थान है। शिवरात्रि पर यहाँ खासा मेला लगता है। जटाशंकर से भस्मासुर राक्षस की कथा जुड़ी हुई है। शंकरजी वरदान दे बैठे कि वह राक्षस, जिसके सिर पर भी हाथ रख देगा, वह भस्म हो जायेगा। अब राक्षस तो राक्षस ही रहेगा, उसके मन में शंकर को ही भस्म करने की तरंग उठ बैठी। शंकर बेचारे भागे, भागते-भागते इस पहाड़ी की खोह में भी छिपे। बाद में विष्णु ने सुन्दरी का रूप धरकर

भस्मासुर को मोहित किया, नचाया और नचाते-नचाते उसका हाथ उसके ही सिर पर रखवा दिया। इस पहाड़ी में धीरे-धीरे उतरते हुए पहाड़ की जड़ पर पहुँचते हैं। सिर उठाओ तो पास-पास उठी पहाड़ की दीवारें खूब ऊपर तक चली गयी हैं। फाँक से ऊपर दिखता आसमान का उतना ही टुकड़ा। अँधेरे में पतले झरने की आवाज—कहते हैं, जंबू नदी है जो निकलती है जहाँ। पहाड़ की दो दीवारों को मिलाकर देखो तो सचमुच ऐसा लगता है कि अगर पहाड़ियों को हम चिपका सकते तो ये एकदम चिपक जातीं—जितना उधर उठा है, उतना इधर खाली। जटाशंकर को देखकर इस बात की पुष्टि हो जाती है कि इधर के सभी पहाड़ बहुत पहले किसी दैवी या प्रकृति की किसी बड़ी करवट के चपेट में आकर फटे होंगे। पहाड़ जिन्हें हम अचल, ठोस मानते हैं, उन्हें यों फटा देखना अजीब-सा लगता है; यद्यपि एक अपनी तरह का, विचित्रता-भरा सौन्दर्य भी है यह।

जटाशंकर का मुख्य आकर्षण पहाड़ की दरार में इतने नीचे खड़े होना और फिर वहाँ से ऊपर देखना है। वैसे देखने के लिए एक तरफ पहाड़ की खोह भी है, बहुत ही झुककर जाना पड़ता है। वहाँ बहता झरना और अँधेरे में छिपा हुआ शिवलिंग। पहाड़ी खोह की ऊपरी शिला से पानी टप-टप गिरता रहता है। जहाँ के पहाड़ों में जगह-जगह ऐसी चट्टानें मिलेंगी जो छाया करती ऊपर टँगी हुई हैं। उनके नीचे प्रागैतिहासिक काल का मानव रहता था—इसके सबूत हैं। होशंगाबाद से कुछ लोग जटाशंकर के दर्शन को आये हुए थे। परिचय आदि होने पर उनमें कुछ ऐसा भाव कि मेरे दर्शन हो गये—मैं भीतर खोखला महसूस करने लगा। स्वयं को बहुत माननीय साहित्यकार लगाने की जरूरत नहीं है बन्धु—पचमढ़ी या होशंगाबाद ये छोटी बस्तियाँ हैं। यहाँ सब सब किसी को जानते हैं, जानना चाहते हैं। चुपचाप बीस नम्बर कमरे में पहुँचो और जाकर लिखो। लिखना ही है जो तुम्हारा है, मान-सम्मान में डूबना-उतरना तुम्हारा क्षेत्र नहीं है। चलो।...

पचमढ़ी में पहाड़ और झरने के अलावा एक आनन्ददायी चीज और है। यहाँ खूब लम्बी-लम्बी सैरें की जा सकती हैं—पैदल चलने का शौक हो, या खूब पैदल चलकर जीवन में हर हालत में चलते रहने की अपनी धुन पक्की करना हो तो चल पड़िए हालीडे-होम से, दायीं ओर जटाशंकर को एक किनारे छोड़ते हुए आ निकलिए नीलकमलों वाली झील पर, फिर बड़े-बड़े दरख्तों के नीचे-नीचे चलते चले जाइए बड़ी झील तक। पचमढ़ी में हर्र, बघर्रा, आँवला के खूब पेड़ हैं। जब टी.बी. असाध्य रोग था, तब यहाँ सेनीटोरियम था। डॉ. राजेन्द्र प्रसाद भी यहाँ स्वास्थ्य-लाभ के लिए रहे थे। बड़ी झील में हमेशा पानी खूब रहता है, बोटिंग होती है। उस तरफ झील के ठीक ऊपर वह बँगला है जहाँ कभी-कभी राजनैतिक कैदी रखे जाते हैं—बादल या बरनाला

को यहीं नजरबन्द रखा गया था। चाहे तो इन बँगलों को पार करते हुए दूसरी ओर से शहर में लौटिए, या इस बार पेड़ों के नीचे-नीचे सड़क पर चलने की बजाय, खुले पठार पर चलते हुए नगर में वापस पहुँचिए। यह पठार गोल्फ मैदान भी है। किसी भी सूरत में आना-जाना सात-आठ किलोमीटर तो हो ही लेगा। मुख्य बात कि दूर तक सामने रास्ता-ही-रास्ता, मैदान...आओ, चलो, कितना चलते हो! चाहो तो हालीडे-होम से पिपरियावाली सड़क पकड़ लो और चलते चले जाओ अंबा माँ के मन्दिर, या भोपाल बेगम की कोठी तक। जिस जगह पर कोठी खड़ी है, वहाँ से सतपुड़ा पहाड़ियों का विहंगम दृश्य दिखता है। भोपाल बेगम का यहाँ रहने का किस्सा ठीक-ठीक पता नहीं चलता। कुछ कहते हैं कि नवाब से रंजिश की वजह से वे यहाँ आकर रहने लगीं; कुछ का कहना है कि वे दूसरे नम्बर की बेगम थीं, इसलिए उन्होंने अपना अलग रहने का बनवाया और कुछ का मानना है कि वे बीमार थीं और स्वास्थ्य की दृष्टि से उन्होंने यह जगह अपने रहने के लिए चुनी। बहरहाल वे यहाँ अकेली रहती रहीं और एक बार भोपाल जाते समय रास्ते में अचानक उनकी मृत्यु हो गयी। रुपया-पैसा लोग लूट ले गये। महल का भी यही हाल हुआ...लोग दरवाजे-खिड़कियों की चौखट तक उखाड़ ले गये हैं और अब ईंटा-चूने की चोरी चालू है। कोठी की सिर्फ नंगी दीवारें खड़ी हैं, दीवारें जिन पर कभी खूबसूरत सीलिंग टँगी थी, जहाँ इधर-उधर सुन्दर कलाकृतियाँ अंकित थीं...अब हर तरफ उग रही है घास! आउट-हाउस की तरफ घूमते हुए मैंने एक अजीब चीज देखी—एक पुराने मॉडल की बड़ी कार जमीन में धँसी हुई थी। कभी यह बेगम की रायल-कार रही होगी, यहाँ खड़ी होती होगी। गुजरते सालों की बरसातों ने चारों तरफ से मिट्टी पूरना शुरू किया और अब कार एक तरह से अपनी कब्र में थी, जमीन में जकड़ी हुई। इधर-उधर से कार के पुर्जे उखाड़-उखाड़कर लोग ले गये हैं; ढाँचा फिर भी है। हिलाये नहीं हिलता, अपनी और भोपाल बेगम की कहानी की मद्धिम दीपशिखा समय की तेज हवा में भी बुझने से बचाये हुए है!

खूबसूरत नगरी यह! फिर आऊँगा—जब हालीडे-होम से डेरा उखड़ा तब सोच रहा था। पर क्या सचमुच आ सकूँगा। हर जगह यात्रा अधूरी ही रह जाती है, अदेखा छूट आता है जिसके बारे में स्वयं को इसी तरह सन्तोष दिया करता हूँ। शायद यात्रा और इसी तरह जीवन की बुनियादी कमी है यह कि प्यास बुझाने निकलते हैं, कभी-कभी तृप्ति के क्षण भी हाथ आ जाते हैं, लेकिन अन्त में वापस फिर उसी प्यास पर।

चलते समय बगल में दबा ली पचमढ़ी की प्रसिद्ध झाड़ू, रामबहोरी! झाड़ा करूँगा अपने घर को इससे!

रामधारी सिंह 'दिनकर'

लघु भारत

रामधारी सिंह 'दिनकर'

मॉरीशस वह देश है, जिसका कोई भी हिस्सा समुद्र से पन्द्रह मील से ज्यादा दूर नहीं है। मॉरीशस वह देश है, जहाँ की जनसंख्या के सड़सठ प्रतिशत लोग भारतीय मूल के हैं। मॉरीशस वह देश है, जिसकी राजधानी पोर्ट लुई की गलियों के नाम कलकत्ता (कोलकाता), मद्रास, हैदराबाद और बम्बई (मुम्बइ) हैं तथा जिसके एक मोहल्ले का नाम काशी है। मॉरीशस वह देश है, जहाँ बनारस भी है, गोकुल भी है और ब्रह्मस्थान भी। जहाँ ब्राह्मण, क्षत्रिय और वैश्य तो हैं, मगर शूद्र कोई नहीं है। जब प्रधानमन्त्री के दफ्तर से फोन आया कि मुझे दो सप्ताह के लिए मॉरीशस जाना है तो मेरी पहली प्रतिक्रिया आलस्य और थकावट की हुई। फिर मैंने कहा अपने डॉक्टर से पूछकर बताऊँगा। अगर वे इजाजत दे देंगे, तब जाने की बात सोचूँगा। मगर अकेले जाने की बात मैं सोच नहीं सकता। आपको मेरी पसन्द का एक साथी जरूर देना होगा।

डॉक्टर साहब ने कहा, आप कमजोर जरूर हैं, मगर डॉक्टरी कारणों से मैं आपको सफर पर निकलने से रोक नहीं सकता। इस प्रकार निश्चित हुआ कि मैं अकेला नहीं, हिन्दी के यशस्वी कवि डॉक्टर शिवमंगल सिंह 'सुमन' के साथ यात्रा करूँगा।

यात्रा पर मैं दिल्ली से 15 जुलाई को, मुम्बई से 16 जुलाई को और नैरोबी से 17 जुलाई को मॉरीशस के लिए रवाना हुआ। विदेशों की यात्रा मैंने काफ़ी की है और जब भी अवसर अनुकूल रहा है, मैंने दुनिया की और हवाई सेवाओं को छोड़कर एयर इंडिया को पसन्द किया है। सच पूछिए तो अपने देश की दो-चार चीजों का मुझे बड़ा ही गर्व है। मैं निश्चयपूर्वक मानता हूँ कि संस्कृति की जो विरासत भारत के पास है, वैसी विरासत किसी और देश के पास नहीं है। उसी दृढ़ता के साथ मैं यह भी मानता हूँ कि जैसी सेवा एयर इंडिया की है, वैसी सेवा दुनिया की किसी और कम्पनी की नहीं है।

इधर से जाते समय नैरोबी (कीनिया) में मुझे एक रात और दो दिन ठहरने का मौका मिला। अतएव मन में यह लोभ जग गया कि मॉरीशस के भारतीयों और अफ़्रीकियों से मिलने के पूर्व हमें अफ़्रीका के सिंहों से मुलाकात कर लेनी चाहिए।

विमान दूसरे दिन मिलने वाला था। अतएव हम जिस दिन नैरोबी पहुँचे, उस दिन उच्चायुक्त श्री भाटिया के साथ नेशनल पार्क में घूमने निकल गये। नैरोबी का नेशनल पार्क चिड़ियाघर नहीं है। शहर से बाहर बहुत बड़ा जंगल है जिसमें घास अधिक, पेड़ बहुत कम हैं। लेकिन जंगल में सर्वत्र अच्छी सड़कें बिछी हुई हैं और पर्यटकों की गाड़ियाँ उन पर दौड़ती ही रहती हैं। हमारी गाड़ी को भी काफ़ी देर तक दौड़ना पड़ा, मगर सिंह कहीं भी दिखाई नहीं पड़े। दूरी तय करने के बाद या यों कहिए कि दस-बीस मील के भीतर हर सड़क छान लेने के बाद हम उस जगह जा पहुँचे, जहाँ सिंह उस दिन आराम कर रहे थे।

वहाँ जो कुछ देखा, वह जन्म भर कभी नहीं भूलेगा। कोई सात-आठ सिंह लेटे या सोये हुए थे और उन्हें घेरकर आठ-दस मोटरें खड़ी थीं। तुर्रा यह कि सिंहों को यह जानने की कोई इच्छा ही नहीं थी कि हमें देखने आनेवाले लोग कौन हैं। मोटरों में शीशे चढ़ाकर उनके भीतर बैठे लोगों की ओर सिंह ने कभी दृष्टिपात नहीं किया, मानो हम लोग तुच्छातितुच्छ हों और उनकी नज़र में आने के योग्य बिल्कुल न हों। हम लोग वहाँ आधा घण्टा ठहरे होंगे। इस बीच एक सिंह ने उठकर जँभाई ली, दूसरे ने देह को ताना, तीसरे ने सोयी सिंहनियों की देह चाटी, मगर हमारी ओर किसी भी सिंह ने नज़र नहीं उठाई। हम लोग पेड़-पौधे और खरपतवार से भी बदतर समझे गये।

इतने में कोई मील भर की दूरी पर हिरनों का एक झुण्ड दिखाई पड़ा, जिनके बीच एक जिराफ़ बिल्कुल बेवकूफ़ की तरह खड़ा था। अब दो जवान सिंह उठे और उस ओर को चल दिये। एक तो थोड़ा-सा आगे बढ़कर एक जगह बैठ गया, लेकिन दूसरा घास के बीच छिपता हुआ मोर्चे पर आगे बढ़ने लगा।

हिरनों के झुण्ड ने ताड़ लिया कि उन पर सिंह की नज़र पड़ रही है। अतएव वे चरना भूलकर चौकन्ने हो उठे। फिर ऐसा हुआ कि झुण्ड से छूटकर कुछ हिरन एक तरफ़ को भाग निकले, मगर बाकी जहाँ के तहाँ खड़े रहे। इच्छा तो यह थी कि हम लोग देर तक रुकें और देखें क्या होता है? किन्तु समय छह से ऊपर हो रहा था और सात बजे तक नेशनल पार्क का फाटक बन्द हो जाता है। फिर यह भी बात थी कि शिकार तो सिंह सूर्यास्त के बाद किया करते हैं और शिकार वे झुण्ड का नहीं करते बल्कि उस जानवर का करते हैं, जो भागते हुए झुण्ड से पिछड़ जाता है। अब यह बात समझ में आयी कि हिरन भागने को निरापद न समझकर एक गोल में क्यों खड़े थे। नैरोबी से मॉरीशस तक हम बी.ओ.ए.सी. के विमान में उड़े।

मॉरीशस के भारतीयों में से अधिकांश बिहार और उत्तर प्रदेश के लोग हैं, इसलिए हिन्दी का मॉरीशस में व्यापक प्रचार है। मॉरीशस की राजभाषा अंग्रेजी है किन्तु बोलचाल की भाषा 'क्रेयोल' है। क्रेयोल के बाद मॉरीशस की दूसरी जनभाषा भोजपुरी

को ही मानना पड़ेगा। प्रायः सभी भारतीय भोजपुरी बोलते हैं अथवा उसे समझ लेते हैं। यहाँ तक कि भारतीयों के पड़ोस में रहने वाले चीनी भी बखूबी भोजपुरी बोल लेते हैं। किन्तु मॉरीशस की भोजपुरी शाहबाद या सरन की भोजपुरी नहीं है, उसमें फ्रेंच के इतने संज्ञापद घुस गये हैं कि आपको बाजू-बाजू के लोगों से शब्दों के अर्थ पूछने पड़ेंगे। हिन्दी और भोजपुरी मॉरीशस निवासी भारतीयों को एक सूत्र में बाँधे हुए हैं और मॉरीशस को भारत के साथ बाँधने का काम भी हिन्दी ही कर रही है। मॉरीशस के भूतपूर्व प्रधानमन्त्री सर शिवसागर रामगुलाम भोजपुरी भाषी हैं। सत्तारूढ़ होने के बाद उन्होंने सरकारी स्तर पर भी भारतीय भाषाओं का प्रवेश प्रार्थमिक एवं माध्यमिक वर्गों में करवा दिया था। मॉरीशस में हिन्दू संस्कृति की रक्षा का काम तुलसीदास जी की 'रामायण' ने किया है।

मॉरीशस में ईख की खेती और उसके व्यवसाय को जो सफलता मिली है वह भारतीय वंश के लोगों के कारण मिली है। सारा मॉरीशस कृषि-प्रधान द्वीप है। चीनी उत्पादन यहाँ का प्रमुख अथवा एकमात्र उद्योग है।

भारत में बैठे-बैठे हम यह नहीं समझ पाते कि भारतीय संस्कृति कितनी प्राणवती और चिरायु है। मॉरीशस जाकर हम अपनी संस्कृति की प्राणवत्ता का ज्ञान आसानी से प्राप्त कर लेते हैं।

□□